À votre tour!

Student Activities Manual

À votre tour!

Second Edition

Student Activities Manual

Houghton Mifflin Company   **Boston   New York**

Publisher: Rolando Hernández
Project Editor: Harriet C. Dishman/Anastasia K. Schulze
Associate Manufacturing Buyer: Brian Pieragostini
Executive Marketing Director: Eileen Bernadette Moran

Overview

The *À votre tour!* Student Activities Manual is an integrated workbook that provides additional practice to allow students to build their control of French and develop French proficiency.

The activities provide guided communicative practice in meaningful contexts and frequent opportunity for self-expression.

Printed in the U.S.A.

ISBN-10: 0-618-69317-3
ISBN-13: 978-0-618-69317-7

1 2 3 4 5 6 7 8 9-HES-10 09 08 07 06

Table of Contents

WRITING ACTIVITIES   1

LISTENING/SPEAKING ACTIVITIES   107

VIDEO ACTIVITIES 175

À votre tour!

Student Activities Manual

À votre tour!

Writing Activities

Introduction to the Reprise:

The **Reprise** will help you check what you already know and where you may need to review a little. If you find certain parts difficult, you may want to review the material in the corresponding sections of the **Reprise** and in the Appendices of your textbook. (The page numbers are indicated by an arrow next to each activity.)

Reprise A. La vie courante

RAPPEL 1 Bonjour!

Les adjectifs réguliers et irréguliers   REFERENCE Appendix A, p. R7

1. Expression personnelle C'est la rentrée *(start of a new academic year)* et il y a des nouveaux étudiants dans votre classe. Ils vous demandent ce que vous pensez des personnes et des choses suivantes. Répondez en utilisant trois adjectifs dans chaque réponse. (Attention à l'accord des adjectifs!)

SUGGESTIONS:	attentif	discipliné	intelligent
	bête	drôle	prétentieux
	compréhensif	ennuyeux	sérieux
	cruel	gentil	spirituel
	cultivé *(cultured)*	ignorant	travailleur
	curieux	insensible	???

▶ Admirez-vous le président des États-Unis et pourquoi?

Oui, j'admire le président des États-Unis parce qu'il est sérieux, compétent et honnête.

1. Aimez-vous les politiciens et pourquoi?

_____

2. Que pensez-vous de votre mère?

_____

3. Quelles sont vos qualités?

_____

4. Comment faut-il être pour réussir à l'université?

_____

5. Que pensez-vous des championnes olympiques?

_____

6. Comment sont les gens qui maltraitent *(mistreat)* les animaux?

_____

7. Admirez-vous le commandant Cousteau et pourquoi?

_____

8. Admirez-vous votre grand-mère et pourquoi?

_____

9. Que pensez-vous des personnes qui détruisent *(destroy)* la nature?

_____

10. Quel est votre personnage de dessin animé *(cartoon)* favori et pourquoi?

_____

📄 Avoir et les expressions avec avoir   REFERENCE ▶ Appendix A, p. R3

2. J'ai . . . ! Vous allez au restaurant universitaire et vous écoutez ce que chacun dit. Complétez les phrases avec une expression avec le verbe **avoir.**

▶ Marc prend deux desserts car *(because)* *il a faim* _____.

1. Nous _____ aujourd'hui: il y a de la glace au dessert!

2. Tu _____: elle ne s'appelle pas Sylvie. Je sais qu'elle s'appelle Sylviane.

3. J' _____ de vitamines, alors je mange beaucoup de fruits.

4. Est-ce que vous _____ de vous asseoir à côté d'eux?

5. Nina ne mange pas de fraises. Elle _____ d'avoir une allergie.

6. Pourquoi est-ce que tu ouvres la fenêtre? Tu _____?

7. Ils _____: ils ont joué un match hier soir.

8. Jean-Paul et toi, vous _____: cette viande n'est pas bonne!

9. Je veux du chocolat chaud parce que j' _____.

10. Est-ce que tu _____? J'ai deux jus d'orange.

📄 Aller, être, venir   REFERENCE ▶ Appendix A, p. R3

3. Qu'est-ce qu'ils font? Tout le monde est très occupé *(busy)* pendant la semaine. Dites (ou imaginez) où chaque personne va aller, ce qu'elle est en train de faire et ce qu'elle vient de faire.

QUELQUES VERBES: **acheter / aller / applaudir / choisir / danser / déjeuner / dîner / dormir / étudier / faire / finir / manger / parler / préparer / regarder / voir**

▶ Lundi, à l'université (moi):

À 8 heures: *Je vais aller en classe.*

À midi et demi: *Je suis en train de manger.*

À une heure: *Je viens de finir le déjeuner.*

1. Mardi, au restaurant universitaire (toi):

À midi: _____

À midi et demi: _____

À une heure: _____

2. Mercredi, au cinéma (Florence):

Avant la séance *(show):* _____

Pendant la séance: _____

Après la séance: _____

3. Jeudi, chez moi (moi):

À sept heures du soir: _____

À huit heures du soir: _____

À minuit: _____

4. Vendredi, à l'université (Élodie et toi):

Avant les cours: _____

Pendant les cours: _____

Après les cours: _____

5. Samedi, chez notre ami(e) (Olivier et moi):

Avant la boum: _____

Pendant la boum: _____

Après la boum: _____

6. Dimanche matin, chez les Dupont (Marc et Michel Dupont):

À sept heures du matin: _____

À onze heures du matin: _____

À deux heures de l'après-midi: _____

RAPPEL 2   Le temps libre

📄 *Depuis*

4. Depuis quand? Il pleut et vos amis sont chez vous. Vous discutez depuis quand vous pratiquez certaines activités. Formez des phrases en utilisant les suggestions données. Soyez logique!

aimer cette émission (*TV program*)
aller au théâtre régulièrement
apprendre la planche à voile
être ami(e)(s)
faire du jogging
faire du shopping
jouer de la guitare
organiser des promenades au parc
pratiquer le football

cinq ans
deux mois
la rentrée
le début
l'été dernier
longtemps
trois heures
trois mois
un an

▶ Sasha *fait du jogging depuis deux mois.*

1. Serge et Amina _____

2. Je/J' _____

3. Estelle _____

4. Toi et moi, _____

5. Tu _____

6. Nicole et toi, _____

7. Je/J' _____

8. Nous _____

📑 Verbes réguliers

REFERENCE ▶ Appendix A, p. R2

5. Samedi C'est samedi. Dites ce que vous ou vos amis faites selon les cas en utilisant deux verbes. (Vous pouvez utiliser un même verbe plusieurs fois.)

aimer	choisir	jouer	perdre	répondre (à)
applaudir	discuter	organiser	punir	téléphoner (à)
attendre	écouter	parler (à)	regarder	travailler
chanter	finir	participer (à)	rendre visite (à)	vendre

▶ Astrid et toi, vous êtes au cinéma.

   Nous attendons le début. Nous regardons le film.

1. Tu es à un concert de rock.

   _____

2. Surya et toi, vous attendez un ami qui est en retard.

   _____

3. Ta sœur a des problèmes avec son chien.

   _____

4. Ton téléphone sonne *(rings)*.

   _____

5. J'ai beaucoup de devoirs.

   _____

6. Catherine et Trinh travaillent dans une croissanterie.

   _____

7. Ton frère et toi, vous apprenez que votre grand-mère est malade.

   _____

8. André et moi, nous jouons au basket.

   _____

📑 Quelques verbes irréguliers

REFERENCE Appendix A, p. R2

6. Des projets Qu'est-ce que vous allez faire cet après-midi? Vous discutez avec vos amis pour le savoir. Complétez cette conversation avec les formes correctes des verbes suggérés.

devoir	dormir	partir	pouvoir	sortir	vouloir

PIERRE: Moi, je ne (1) _____ pas dépenser trop d'argent parce que je

(2) _____ acheter des nouvelles baskets.

MICHÈLE: Dans ce cas, nous (3) _____ aller au centre commercial. Il y a trois

magasins de chaussures. Ils (4) _____ avoir des baskets bon marché.

VOUS: Alain, (5) _____-tu demander à ton copain de nous prêter *(lend)* sa

voiture?

ALAIN: Non, je ne (6) _____ pas parce qu'il (7) _____. Il

travaille de nuit maintenant.

MICHÈLE: Alors nous (8) _____ prendre le bus. C'est ce que je fais quand je

(9) _____ avec Mireille.

VOUS: Vous (10) _____ souvent en bus?

MICHÈLE: Tout le temps! Ses parents ne (11) _____ pas lui prêter leur voiture

le week-end parce qu'ils (12) _____ le samedi. Et le dimanche, ils

(13) _____ jouer au golf tôt le matin.

PIERRE: Vous (14) _____ prendre le bus si vous (15) _____.

Moi, je (16) _____ à vélo.

VOUS: Non! Nous (17) _____ ensemble ou pas du tout.

PIERRE: Tu as raison. Alors, est-ce que nous (18) _____ en bus?

MANUEL: Qui (19) _____ en bus?

VOUS: Nous. C'est ce que nous venons de décider. Tu (20) _____?

MANUEL: C'est vous qui (21) _____: ma voiture est devant la fenêtre! Vous

êtes prêts?

🪶 *Faire* et expressions avec *faire* `REFERENCE` Appendix A, p. R3

7. Les loisirs (*Leisure time*) Aidez-vous des illustrations pour dire ce que les personnes suivantes font ou ne font pas pendant leurs loisirs.

▶ Élise aime les maths.   ▶ Marc n'aime pas les maths.

   Elle fait de l'algèbre.   *Il ne fait pas d'algèbre.*

1. Benjamin et Maya adorent la montagne. _____

2. Madame Lévêque part en vacances. _____

3. Romane et toi, vous avez besoin de nouveaux vêtements.

   _____

4. Tu n'as pas de bicyclette. _____

5. René et moi, nous perdons facilement l'équilibre (*balance*).

   _____

6. Je n'ai rien à faire pour le cours de français. _____

7. Martin a besoin de garder la forme (*shape*). _____

8. Daniel et Marisol ont des raquettes. _____

9. Nous aimons jouer la comédie. _____

10. Vous aimez la nature. _____

RAPPEL 3   Bon appétit!

📝 Nourriture et boissons

REFERENCE ▶ Appendix A, p. R11

8. Préférences Qu'aimez-vous boire et manger? Donnez en détail vos préférences personnelles.

▶ Que mettez-vous sur vos toasts?

Je mets du beurre et de la confiture de fraises.

1. Que mettez-vous dans votre sandwich favori?

_____

2. Quel est votre dessert favori?

_____

3. Avec quoi mangez-vous votre hamburger?

_____

4. Que buvez-vous au petit déjeuner?

_____

5. Quel(s) plat(s) pouvez-vous préparer?

_____

6. Que mangez-vous en pique-nique?

_____

7. Quelles sont vos trois boissons favorites?

_____

8. Que détestez-vous manger?

_____

_____

9. Quelle(s) boisson(s) chaude(s) aimez-vous?

_____

_____

10. Que mangez-vous au petit déjeuner?

_____

_____

fast food

** fast eiffel **
20 Rue de Monttessey
75007 Paris

Hamburger	1,75€
Frites	1,50€
Coca-Cola	1,00€
Milk Shake	2,00€
Pizza	8,00€

CHEESEBURGER + FRITES + COKE = 4€

QUAI BRANLY

🗐 Les articles définis et partitifs

REFERENCE Appendix A, p. R6

9. Le festival international Votre classe de français est au festival international de l'université. Dites ce que vous faites en formant des phrases avec les suggestions données. (Attention: utilisez la forme correcte des articles définis.)

acheter
aimer
boire
choisir
commander
manger
préférer
vouloir

la cuisine chinoise
la cuisine mexicaine
la limonade
la quiche au jambon
la tarte aux pommes
le café au lait
les crêpes aux champignons
les croissants
les légumes
les spaghetti
le steak-frites

▶ Le professeur *veut des crêpes aux champignons*.

1. Alex et Gabrielle _____.

2. Barbara _____.

3. Benoît _____.

4. Céline et moi, nous _____.

5. Jonathan et toi, vous _____.

6. Vous _____.

7. Nous _____.

8. Umberto et Patrick _____.

9. Tu _____.

10. Moi, je _____.

Prendre et boire   REFERENCE   Appendix C, pp. R24, R28

10. Au restaurant Vous êtes dans un restaurant de la ville du Cap de la Madeleine au Québec. Vous discutez avec le serveur. Il vous dit ce que chaque personne aime. Lisez le menu, puis dites ce que (à votre avis) chacun prend et boit.

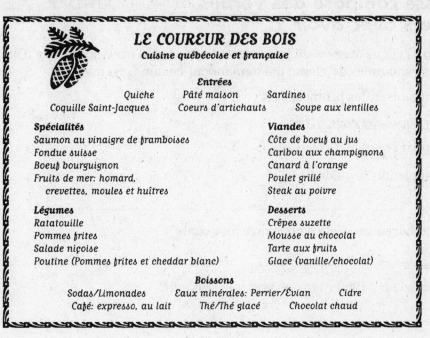

LE COUREUR DES BOIS
Cuisine québécoise et française

Entrées

Quiche   Pâté maison   Sardines
Coquille Saint-Jacques   Coeurs d'artichauts   Soupe aux lentilles

Spécialités
Saumon au vinaigre de framboises
Fondue suisse
Boeuf bourguignon
Fruits de mer: homard,
    crevettes, moules et huîtres

Viandes
Côte de boeuf au jus
Caribou aux champignons
Canard à l'orange
Poulet grillé
Steak au poivre

Légumes
Ratatouille
Pommes frites
Salade niçoise
Poutine (Pommes frites et cheddar blanc)

Desserts
Crêpes suzette
Mousse au chocolat
Tarte aux fruits
Glace (vanille/chocolat)

Boissons
Sodas/Limonades   Eaux minérales: Perrier/Évian   Cidre
Café: expresso, au lait   Thé/Thé glacé   Chocolat chaud

▶ Monsieur Franck aime les pommes de terre et les boissons chaudes.
Il prend des pommes frites et il boit un café.

1. Monsieur et Madame César aiment le poisson et les boissons gazeuses *(sparkling)*.

_____

2. Mes amis et moi, nous aimons un plat varié et une boisson américaine.

_____

3. Ces trois personnes aiment les légumes et les boissons naturelles.

_____

4. Tu aimes les spécialités et les boissons européennes.

_____

5. J'aime les plats canadiens et les boissons légères.

_____

6. Tes amis et toi, vous aimez les entrées et les boissons au citron.

_____

7. J'aime les plats légers et les boissons chaudes.

_____

8. Les enfants de Monsieur Serin aiment les desserts et les boissons sucrées.

_____

Reprise B. Hier et avant

RAPPEL 4 Le week-end

 Le passé composé des verbes réguliers avec *avoir*

REFERENCE Appendix A, p. R4

1. Oui ou non? Vous avez passé le week-end à Montréal avec un groupe d'amis. Vous répondez à vos camarades de classe qui demandent ce que vous avez fait.

▶ le guide / organiser des promenades?

Oui, *il a organisé des promenades*.

Non, *il n'a pas organisé de promenades*.

1. Ludovic / applaudir le guide?

Non, _____.

2. Renaud et toi / rendre visite à vos correspondants?

Non, _____.

3. Sabine et sa soeur / visiter l'exposition au Biodôme?

Oui, _____.

4. Laure / choisir des souvenirs?

Oui, _____.

5. vous / jouer au hockey?

Non, _____.

6. Philippe et toi / attendre longtemps à l'aéroport?

Non, _____.

7. Christophe et moi / téléphoner au bon moment?

Oui, _____.

8. toi / réussir à parler français?

Oui, _____.

📖 Les participes passés irréguliers   REFERENCE ▷ Appendix A, p. R4

2. Ce week-end Vous voulez faire une enquête *(survey)* à l'université pour savoir ce que les étudiants ont fait ce week-end. Avec les verbes donnés, formulez des questions que vous allez poser aux élèves.

▶ (lire) *Est-ce que vous avez lu un livre?*

1. (avoir) _____

2. (boire) _____

3. (être) _____

4. (faire) _____

5. (mettre) _____

6. (prendre) _____

7. (dormir) _____

8. (voir) _____

9. (apprendre) _____

10. (promettre de) _____

📖 Il y a

3. Une visite Ce week-end, des parents que vous n'avez pas vus depuis longtemps vous ont rendu visite. Ils vous ont dit depuis combien de temps ils ont fait les choses suivantes. Formez des phrases en utilisant les suggestions des trois colonnes. Soyez logique!

acheter	ce musée	deux jours
arrêter	du camping	deux mois
avoir	l'école	dix ans
être	l'invitation de ta mère	plusieurs jours
faire	malade	quatre ans
finir	sa moto	quinze jours
répondre (à)	son travail	trois jours
vendre	un film	trois mois
visiter	une promotion	un an
voir	une voiture neuve	une semaine

▶ Ta tante *a arrêté son travail il y a quatre ans.*

1. Moi, _____

2. Ta tante et moi, _____

3. Tes cousines _____

4. Nous _____.

5. Moi, _____.

6. Jason _____.

7. Ton cousin _____.

8. Ta tante _____.

9. Édouard _____.

RAPPEL 5   En vacances

📑 Passé composé des verbes avec *être*   REFERENCE Appendix A, p. R4

4. Les vacances Jacques parle à ses amis de ses vacances dans les Alpes. Dites ce qui s'est passé en complétant les phrases avec les verbes appropriés. (Attention à l'accord des participes passés.)

> **aller / arriver / descendre / devenir / monter / partir /
> parvenir** *(to succeed)* **/ rentrer / rester / tomber / venir**

Il y a un an, je (1) _____ faire de l'escalade dans le Jura. Je (2) _____

avec un groupe d'étudiants. Le premier jour, nous (3) _____ au pied du rocher

et Mlle Armand, notre guide, (4) _____ au sommet sans problèmes. Elle

(5) _____ tout de suite pour nous expliquer comment faire. Je (6) _____

à escalader le rocher, mais avec beaucoup de difficultés. Mon copain Bruno, lui,

(7) _____ et il (8) _____ à l'hôtel le soir avec un pied enflé *(swollen)*.

Deux infirmières (9) _____ le voir; son état *(condition)* n'était pas grave. Après, il

(10) _____ à l'hôtel tous les jours. Résultat: les autres étudiants et moi, nous

(11) _____ des experts en alpinisme et Bruno, un expert au jeu d'échecs *(chess)*!

RAPPEL 6 Qu'est-ce qui se passe?

📝 L'imparfait

REFERENCE Appendix A, p. R5

5. Quand ¡'avais dix ans . . . Une amie vous demande ce que vous faisiez quand vous aviez dix ans. Écrivez ses questions et répondez *négativement*. Puis donnez une réponse avec le verbe suggéré et une expression de votre choix.

▶ toi / aller à l'école en voiture? (prendre)

VOTRE AMIE: *Est-ce que tu allais à l'école en voiture?*

VOUS: *Non, je n'allais pas à l'école en voiture. Je prenais le bus.*

1. toi / boire du café? (préférer)

VOTRE AMIE: _____

VOUS: _____

2. ton frère et toi / faire du tennis? (jouer)

VOTRE AMIE: _____

VOUS: _____

3. ta mère / être vendeuse? (travailler)

VOTRE AMIE: _____

VOUS: _____

4. toi / rentrer de l'école à cinq heures? (revenir)

VOTRE AMIE: _____

VOUS: _____

5. tes amis / réussir bien à l'école? (avoir)

VOTRE AMIE: _____

VOUS: _____

6. toi / regarder la télé en rentrant de l'école? (finir)

VOTRE AMIE: _____

VOUS: _____

📑 Les vêtements

REFERENCE Appendix A, p. R13

6. Des conseils Vous travaillez dans un magasin de vêtements et vos amis viennent vous demander conseil. Recommandez-leur au moins trois articles différents pour chacun.

chemise	robe	chapeau
chemisier	short	chaussettes
costume	survêtement	cravate
jean	sweat-shirt	lunettes de soleil
jupe	tailleur	
maillot de bain	blouson	baskets
pantalon	imperméable	bottes
polo	manteau	sandales
pull	casquette	tennis

▶ CÉDRIC: Je vais voir un match de foot ce soir.

VOUS: *Mets un blouson, un sweat-shirt et des baskets.*

1. ALICE: Je dois aller à un entretien d'embauche *(job interview)*.

   VOUS: _____

2. STÉPHANIE: Je vais aller à la plage.

   VOUS: _____

3. LUCIEN: Je vais jouer au golf avec mon grand-père.

   VOUS: _____

4. THIERRY: Je vais au mariage de mon cousin.

   VOUS: _____

5. LEILA: Je vais travailler au zoo samedi.

   VOUS: _____

6. SONIA: Je vais en Martinique demain.

   VOUS: _____

7. THOMAS: Je vais faire du jogging demain matin.

   VOUS: _____

8. NATHALIE: Je pars pour Londres ce soir.

   VOUS: _____

Reprise C. Nous et les autres

RAPPEL 7 Vive l'amitié!

 ## Les pronoms compléments

REFERENCE Appendix A, p. R8

1. Au centre commercial Vous allez au centre commercial avec des copains qui aiment bien vous taquiner *(to tease)*. Écrivez leurs questions et vos réponses en utilisant les pronoms compléments nécessaires.

▶ acheter des cassettes à moi?

PAUL: *Tu m'achètes des CD?*

VOUS: *Non, je ne t'achète pas de CD!*

1. prêter ta carte de crédit à nous?

SUZANNE: _____

VOUS: _____

2. offrir des fleurs aux vendeuses?

SIMON: _____

VOUS: _____

3. présenter la vendeuse à Denis?

VALÉRIE: _____

VOUS: _____

4. téléphoner aux services de sécurité?

MARC: _____

VOUS: _____

5. donner les clés de ta voiture à Brigitte?

SOPHIE: _____

VOUS: _____

6. acheter un billet de loterie à toi-même?

PIERRE: _____

VOUS: _____

7. montrer ce que tu as acheté à nous?

BRIGITTE: _____

VOUS: _____

8. faire un cadeau à moi?

MICHEL: _____

VOUS: _____

Connaître et savoir

REFERENCE ▶ Appendix A, p. R8

2. Trois-Rivières En vacances au Québec, vous décidez avec vos amis de louer *(to rent)* une voiture et d'aller visiter la ville de Trois-Rivières. Malheureusement, vous vous êtes perdus! Complétez le dialogue avec les formes appropriées des verbes **connaître** et **savoir.**

JACQUES: (1) _____-tu où nous sommes?

VOUS: Non, je ne (2) _____ pas du tout cette ville.

JOSÉPHINE: Moi, je (3) _____ qu'il faut suivre la route numéro 40 pour aller à Trois-Rivières.

VOUS: Demandons à quelqu'un. Tiens, voici un homme. Il (4) _____

peut-être la route. Monsieur? Excusez-moi, monsieur, nous ne

(5) _____ pas du tout cette région et nous sommes perdus.

(6) _____-vous où est Trois-Rivières?

MONSIEUR: (7) _____-vous la route numéro 40? Eh bien, prenez-la!

VOUS: Oui, nous (8) _____ cela, mais comment trouver cette route?

MONSIEUR: C'est très simple: allez au centre-ville et lisez les panneaux *(signs).* Au revoir!

JOSÉPHINE: Tu (9) _____ ce n'était pas la peine de demander.

VOUS: Oui, vraiment, cet homme n'en (10) _____ pas plus que nous!

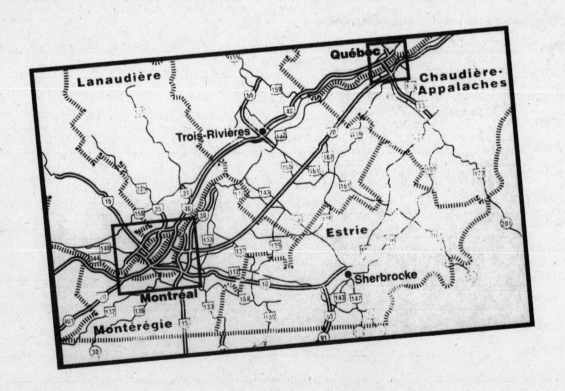

RAPPEL 8   Un garçon timide

📖 Les compléments d'objets directs et indirects

REFERENCE Appendix A, p. R8

3. Êtes-vous timide? Êtes-vous timide ou avez-vous beaucoup d'assurance *(confidence)?* Répondez aux questions pour le savoir. (Attention: utilisez des pronoms compléments d'objets appropriés.)

▶ Invitez-vous vos copains chez vous?

Oui, je les invite chez moi.

(Non, je ne les invite pas chez moi.)

1. Organisez-vous les sorties *(outings)* de votre groupe d'amis?

_____

_____

2. Parlez-vous à vos professeurs après les cours?

_____

_____

3. Téléphonez-vous souvent à votre meilleur(e) ami(e)?

_____

_____

4. Connaissez-vous tous les nouveaux étudiants de votre classe?

_____

_____

5. Écrivez-vous aux célébrités que vous admirez?

_____

_____

6. Rendez-vous visite aux malades de l'hôpital?

_____

_____

7. Voyez-vous votre conseiller académique *(advisor)* souvent?

_____

_____

8. Achetez-vous un cadeau à votre ami(e) pour son anniversaire?

_____

_____

9. Prêtez-vous votre bicyclette à votre copain (qui ne rend jamais rien!)?

_____

_____

RÉSULTATS: Si vous avez une majorité de réponses négatives, vous êtes assez timide. Une majorité de réponses positives indique que vous avez confiance en vous.

Nom _____ Date _____

 Voir et écrire   **REFERENCE** Appendix C, pp. R26, R30

4. Une lettre Vous avez décidé d'écrire une lettre à la chaîne de télévision pour vous plaindre *(to complain)* d'un programme que vous trouvez extrêmement violent. Complétez les phrases avec les formes correctes des verbes **voir** et **écrire.**

> Monsieur le directeur de la programmation,
>
> Je vous (1) _____ parce que nous (2) _____ de plus en plus de violence à la télévision. Beaucoup d'enfants (3) _____ votre programme «Action brute» et pensent qu'il montre la réalité. Je suis sûr(e) que leurs parents vous (4) _____ comme moi aujourd'hui. La violence est un problème sérieux, mais je (5) _____ que vous ne pensez pas la même chose. Qui est responsable de ce programme? Qui (6) _____ les scénarios? Quand mon père (7) _____ qu'il est l'heure d'«Action brute», il change de chaîne. Depuis un an, mes amis et moi, nous (8) _____ à toutes les chaînes qui montrent trop de violence. Si vous nous (9) _____ une réponse, cela montrera que l'opinion du public est importante pour vous. Parce que, vous (10) _____ , sans public, il n'y a pas de télévision possible!
>
> Sincèrement,
>
> _____

Unité 1. Au jour le jour

PARTIE 1

WRITING ACTIVITIES

A. L'usage de l'article avec les parties du corps

A 1. Les profs de photo Vous allez vous inscrire *(enroll)* à un cours de photographie. Il y a deux professeurs, M. Ledoux et M. Ledur. Décrivez-les en détail à votre ami(e) pour qu'il/elle vous aide à décider quel professeur choisir. (Attention: employez les articles définis appropriés.)

1. M. Ledoux a _____

_____

_____

_____

2. M. Ledur a _____

_____

_____

 Pratique Usages de l'article défini

Un ami curieux C'est la première fois que votre ami québécois vient chez vous aux États-Unis. Répondez à ses questions par des phrases complètes et personnelles.

▶ Quel sport pratiques-tu?

Je pratique le tennis.

1. Quelle est la couleur de tes yeux?

_____

2. Comment sont tes cheveux?

_____

3. Que portes-tu souvent aux pieds?

_____

4. Où as-tu une cicatrice?

_____

5. Quelles sont tes matières préférées à l'université?

_____

6. Quel(s) jour(s) ne vas-tu pas en classe?

_____

7. Quel(s) jour(s) vas-tu au cinéma?

_____

8. Qui gouverne l'état où tu habites?

_____

9. Combien coûte l'essence aux États-Unis?

_____

10. Quels pays étrangers désires-tu visiter?

_____

A. Les verbes réfléchis

A 1. Toujours des excuses! Lisez les excuses de votre soeur et écrivez les ordres que vous lui avez donnés. Soyez logique!

▶ *Peigne-toi les cheveux* !
Je n'ai pas de peigne.

1. _____ !
Je n'ai pas de brosse à dents.

2. _____ !
Je n'ai pas de shampooing.

3. _____ !
Je n'ai pas d'eye-liner.

4. _____ !
Je n'ai pas de séchoir.

5. _____ !
Je n'ai pas de ciseaux.

6. _____ !
Je n'ai pas de serviette.

7. _____ !
Je n'ai pas de miroir.

8. _____ !
Je n'ai pas de savon.

9. _____ !
Je n'ai pas de parfum.

10. _____ !
Je n'ai pas de déodorant.

Nom _____ Date _____

A 2. Sous la tente Vos amis et vous campez dans un pré. Dites ce que chacun de vous a ou n'a pas dans sa trousse de toilette et, en conséquence, fait ou ne fait pas. Soyez logique!

brosse à cheveux (oui)	miroir (oui)
ciseaux (non)	rasoir mécanique (oui)
eau de toilette (oui)	savon (non)
fard à paupières (non)	séchoir (non)
gant de toilette (non)	serviette (oui)

▶ Tu *n'as pas de savon. Tu ne te laves pas les mains.*

▶ Tu *as une serviette. Tu t'essuies les mains.*

1. Nous _____

2. Lucie _____

3. Henri et Paul _____

4. Je _____

5. Marina et Amélie _____

6. Vous _____

7. Tu _____

8. Lili et moi, nous _____

 Pratique Le présent des verbes: comme *préférer*, *se sécher;* comme *payer, s'essuyer*   REFERENCE Appendix C, pp. R20, R21

À la parfumerie Vos amis et vous êtes à l'aéroport Charles de Gaulle à Paris. En attendant votre vol *(flight)* de retour vers les USA, vous allez tous à la parfumerie hors-taxe *(duty-free)*. Complétez les phrases avec les verbes appropriés.

célébrer	employer	exagérer	nettoyer	payer
préférer	répéter	s'ennuyer	s'essuyer	se sécher

1. Est-ce que tu _____ ton visage avec du savon ou de la crème?

2. Tu _____ le nom de ton après-rasage favori au vendeur.

3. J'_____ toujours ce type de dentifrice.

4. La vendeuse _____ car nous ne choisissons pas assez repidement.

5. Nous _____ l'anniversaire de notre soeur demain. Quelle eau de toilette nous recommandez-vous?

6. Ingrid et Aïcha _____ le vernis à ongles rose.

7. Tu _____ : ce parfum coûte beaucoup trop cher!

8. Anna _____ la bouche pour enlever *(to remove)* son rouge à lèvres.

9. Vous ne _____ jamais les cheveux au séchoir.

10. Nous _____ nos achats en francs.

📑 Pratique *Moi-même, toi-même, etc.*

Les responsabilités Vous êtes étudiant(e) à l'université et vous avez beaucoup plus de responsabilités. Exprimez ce que vos camarades et vous faites vous-mêmes.

▶ vous / gérer *(to manage)* un compte bancaire

Vous gérez un compte bancaire vous-même.

1. mon copain et moi / faire la lessive *(laundry)*

_____

2. je / se réveiller à l'heure

_____

3. Jérôme / payer la note du téléphone

_____

4. Maria et toi / nettoyer le studio

_____

5. Éric / se préparer à manger

_____

6. je / laver la vaisselle

_____

7. toi / se couper les cheveux

_____

8. vous / employer la télécopieuse

_____

9. nous / se faire de l'argent de poche

_____

10. Élise et Stéphanie / réparer la voiture

_____

PARTIE 2

WRITING ACTIVITIES

 Pratique Verbes comme *acheter,*
se lever, se promener

REFERENCE Appendix C, p. R20

La routine du week-end Dites ce que les membres de votre famille font chaque week-end.
Utilisez les suggestions données et une expression de votre choix.

▶ mon frère / se promener *Le week-end, mon frère se promène avec sa fiancée en ville.*

1. grand-père / se lever

_____

2. je / s'acheter

_____

3. mes cousines / se promener

_____

4. tu / emmener *(to take along)*

_____

5. vous / promener

_____

6. Richard / acheter

_____

7. nous / amener

_____

8. vous / mener

_____

A. Le passé composé des verbes réfléchis

A 1. Aux objets trouvés Vous êtes au bureau des objets trouvés *(lost and found)* du
musée du Louvre à Paris. Vous expliquez comment vous avez perdu votre appareil-photo après
votre visite du musée. (Attention à l'accord du participe passé!)

Ma soeur et moi, nous *nous sommes rendu(e)s* au Louvre à 11 heures. Nous
                (se rendre)

(1) _____ dans les galeries. Après la visite, je (2) _____
   (se promener)   (s'arrêter)

dans le jardin pour faire des photos. Ma soeur, elle, (3) _____ sur un banc.
                                         (se reposer)

Je (4) _____ des cartes postales. Pendant ce temps, ma soeur
   (s'acheter)

(5) _____. Je (6) _____ de la réveiller. Elle
   (s'endormir)   (se dépêcher)

(7) _____ puis nous sommes parti(e)s. Je pense que j'ai oublié mon
   (se lever)

appareil-photo chez le vendeur de cartes postales. Vous a-t-il donné mon appareil?

A. L'usage idiomatique des verbes réfléchis

A 1. Actions et réactions Aidez-vous des illustrations pour exprimer la réaction des personnes.

  Tu *te tais*.

1.

Elle _____.

2.

Tu _____.

3.

Ils _____.

4.

Vous _____.

5.

Je _____.

6.

Les parents _____.

7.

Le chien _____.

8.

Vous _____.

9.

Tu _____.

10.

Nous _____.

🗐 **Pratique** Le présent des verbes:
s'appeler, se rappeler; comme appeler

REFERENCE Appendix C, p. R20

À la réception Vous désirez travailler aux éditions *(publishing house)* «Coeur de Lion». En attendant votre entretien avec le chef du personnel, vous observez ce qui se passe à la réception. Exprimez chaque action en utilisant les suggestions et les verbes donnés. (Attention: un même verbe peut être utilisé plusieurs fois.)

appeler
ficeler *(to tie)*
rappeler
rejeter
s'appeler
se rappeler

le manuscrit
Adèle Dubouquin
ces vieux livres
cette campagne publicitaire
le dépanneur *(repair technician)*
les paquets nous-mêmes
Alex Martin et Rémi Pétrin
mes conseils
Stephen King tout de suite
???

▶ Le représentant demande le nom de la réceptionniste. Elle dit:

Je *m'appelle Adèle Dubouquin*.

1. Vous vous approchez de la secrétaire du chef du personnel. Vous dites:

   Je _____.

2. Le rédacteur *(editor)* s'inquiète et veut parler de nouveau *(again)* à cet auteur.

   La réceptionniste _____.

3. Ces deux rédacteurs parlent du manuscrit de Charles Lucas.

   Ils _____.

4. Les directeurs du marketing s'arrêtent à la réception. Ils demandent:

   Est-ce que vous _____?

5. Deux employés s'occupent du courrier *(mail)*. Ils disent:

   Nous _____.

6. Vous voyez votre ami qui travaille dans cette maison. Il vous dit:

   Est-ce que tu _____?

7. La réceptionniste s'énerve car la photocopieuse ne fonctionne pas.

   Elle _____.

8. Deux agents littéraires entrent. Ils disent:

   Nous _____.

9. La secrétaire donne du travail à son assistant. Elle dit:

   Tu _____.

Communication

A. Tous en forme! Vous vous présentez pour vous inscrire *(enroll)* au Club Christophe Bardot. Répondez à ce questionnaire pour déterminer vos préférences et votre forme physique.

CLUB CHRISTOPHE BARDOT
68, rue des Tornades - 75000 Paris
Tél. 01.45.55.55.55   Métro CHEVALERET

MUSCULATION PERSONNALISÉE
adaptée pour débutants

Bodybuilding

Stretching

Jazzercise

Danse Jazz

Conseils diététiques et sportifs

TARIF - CARTE JEUNE

·········· **CLUB CHRISTOPHE BARDOT** ··········
Formulaire d'inscription

Nom: _____ **Prénom:** _____

Âge: 10–15 ans ❑   15–18 ans ❑   18 ans et + ❑
Taille: grande ❑   moyenne ❑   petite ❑
Poids: au-dessus de la normale ❑   normal ❑   en dessous de la normale ❑
Forme physique: excellente ❑   très bonne ❑   bonne ❑
                    moyenne ❑   mauvaise ❑

Êtes-vous souvent

soucieux(-se)?	oui ❑	non ❑	malade?	oui ❑	non ❑
énervé(e)?	oui ❑	non ❑	tendu(e)?	oui ❑	non ❑
fatigué(e)?	oui ❑	non ❑	triste?	oui ❑	non ❑

Qu'est-ce qui vous intéresse?
Danse ❑   Fitness ❑   Bodybuilding ❑   Stretching ❑
Jazzercise ❑   Danse Jazz ❑   Aérobic ❑   Step ❑

Combien d'heures de sport faites-vous par semaine?
moins d'1 heure ❑   moins de 3 heures ❑   plus de 3 heures ❑

Pouvez-vous nous donner les raisons pour lesquelles vous désirez devenir membre de notre club?

_____

_____

_____

_____

B. Une dispute Vous vous êtes disputé(e) avec votre ami(e). Aujourd'hui, vous décidez de lui écrire une petite lettre pour vous réconcilier.

Make sure you tell your friend:

- you got mad and you are feeling sad.
- you know you get upset too easily when you are tired.
- you made a mistake.
- you are worried about this situation.
- you apologize.

Unité 2. Soyons utiles!

PARTIE 1

WRITING ACTIVITIES

A 1. Tous au travail! Aujourd'hui, les membres de votre club «Jeunes à l'Action» vont nettoyer la maison d'un couple de personnes âgées. Dites ce qu'il faut que chacun accomplisse.

▶ (Stéphane) *Il faut que Stéphane balaie le sol.*

1. (vous) _____

2. (Marthe et Todd) _____

3. (je) _____

4. (nous) _____

5. (toi) _____

6. (Myoko) _____

7. (nous) _____

8. (je) _____

9. (Florent et Romain) _____

10. (vous) _____

📖 **Pratique** *Dire, lire, écrire*

Appendix C, p. R26

Au pair Vous allez bientôt partir travailler au pair *(live-in babysitter)* en Suisse. Comment votre famille vous aide-t-elle à vous préparer? Formez des phrases avec les verbes **dire (à)**, **lire**, **écrire (à)** et les suggestions données. Soyez logique!

au revoir à tout le monde	le consulat
combien coûte le franc suisse	les adresses dans mon agenda
des journaux suisses	les amis de m'écrire
la famille d'accueil *(host)*	où je vais à mes amis
la météo européenne	tu vas faire le ménage?

1. Mon frère _____.

2. Maman _____.

3. Je/J' _____.

4. Nous _____.

5. Tu _____.

6. Mes parents _____.

7. Vous _____.

8. Je/J' _____.

9. Papa _____.

10. Je/J' _____.

A/B 2. Trop de travail! Vous avez promis de préparer à dîner à vos parents pour leur anniversaire. Complétez les phrases avec la forme appropriée des verbes qui conviennent *(fit)*. Soyez logique!

J'ai beaucoup de travail à faire. Pour commencer, je vais faire le ménage car la maison

est en désordre. Il faut d'abord que je (1) _____ le salon et que je

(2) _____ l'aspirateur. Ensuite, je dois (3) _____ le repas. Pour

l'entrée, je dois (4) _____ les légumes puis je dois les (5) _____

avant de les cuire *(to cook)*. Après, il faut que je (6) _____ la table.

Il faut aussi que je (7) _____ la carafe *(pitcher)* d'eau et il faut que je

(8) _____ le pain en morceaux pour la fondue au fromage. En plus, il faut que

je (9) _____ les ordures de la cuisine et que je (10) _____ le

chien avant le retour de mes parents. L'année prochaine, je les inviterai au restaurant!

B **3. Travail domestique** Nettoyer et ranger la maison demande beaucoup de travail. Dites ce qu'il faut faire en général pour que tout soit propre.

▶ Pour avoir des vêtements propres, *il faut laver le linge*.

1. Pour éliminer la poussière, _____.

2. Pour avoir une chambre en ordre, _____.

3. Pour avoir beaucoup de fleurs, _____.

4. Pour avoir un chat content, _____.

5. Pour avoir un tapis propre, _____.

6. Pour avoir une belle pelouse, _____.

7. Pour avoir du linge sans plis *(wrinkles)*, _____.

8. Le matin, _____.

B **4. Baby-sitting** Vous faites du baby-sitting et le petit garçon vous propose son aide. Dites-lui ce qu'il faut ou ne faut pas faire.

▶ Ouvrir la cage de l'oiseau? (non)

Non, il ne faut pas que tu ouvres la cage de l'oiseau.

1. Débarrasser la table après le dîner? (oui)

_____

2. Ranger la vaisselle sale? (non)

_____

3. Aider à faire le ménage? (oui)

_____

4. Vider la corbeille? (oui)

_____

5. Mettre mes jouets *(toys)* dans l'aquarium? (non)

_____

6. Donner à manger au chat? (oui)

_____

7. Repasser ma chemise moi-même? (non)

_____

B/C **5. Conseils** Aimez-vous donner des conseils? Complétez les mini-dialogues avec les suggestions appropriées.

acheter leur CD	commencer par des plats simples
appeler les renseignements *(information)*	payer le garagiste
apprendre à nager	prendre des vitamines
boire beaucoup d'eau	venir
célébrer l'événement	voir ce film
changer les piles *(batteries)*	

▶ NICOLE: Véronique veut apprendre à cuisiner.

　VOUS: *Il faut qu'elle commence par des plats simples.*

1. HÉLÈNE: C'est le vingt-cinquième anniversaire de mariage de mes parents.

　VOUS: _____

2. JEAN: Mario et toi, vous êtes restés trop longtemps au soleil.

　VOUS: _____

3. DAVY: Il paraît que le groupe de rock «Les Charts» est super.

　VOUS: _____

4. RACHEL: Maurice et moi, nous voulons être en forme pour les vacances.

　VOUS: _____

5. DIANE: Ce film est vraiment formidable.

　VOUS: _____

6. ANDRÉ: Sophie ne sait pas nager.

　VOUS: _____

7. BORIS: Ton frère et toi, vous avez fait réparer votre voiture.

　VOUS: _____

8. AUDREY: Nous ne connaissons pas son numéro de téléphone.

　VOUS: _____

9. YVES: Je ne sais pas si je vais aller à cette boum.

　VOUS: _____

10. SANDRINE: Ton baladeur ne fonctionne pas bien.

　VOUS: _____

PARTIE 2

WRITING ACTIVITIES

A 1. Les volontaires Vous et vos copains sont volontaires pour participer à un programme d'aide à la communauté. Le directeur du programme explique ce qu'il faut que vous fassiez.

▶ Le club des petits a besoin d'un animateur *(organizer)* samedi. (toi / aller)

   Il faut que tu ailles au club des petits samedi.

1. Les volontaires sont nécessaires pour aider la communauté. (nous / avoir)

   _____

2. Nous avons besoin d'une personne au bureau. (toi / être)

   _____

3. Les sans-abri *(homeless)* ont besoin de sandwichs. (Pierre / faire)

   _____

4. La mairie *(city hall)* m'a appellé. (moi / aller)

   _____

5. La maison des Leloup a besoin de réparations. (François et Nicolas / faire)

   _____

6. J'ai besoin d'une personne pour répondre au téléphone. (Louis / être là)

   _____

7. Nous avons besoin de l'argent de la collecte. (toi / avoir)

   _____

8. Nous avons besoin de vous pour aider les autres. (vous / être là)

   _____

B 2. C'est important Qu'est-ce qui est important pour vous? Complétez les phrases avec les suggestions données ou vos opinions personnelles.

aider mes ami(e)s	faire du sport
aller à l'université	ne pas faire d'erreurs
avoir des copains sympas	ne pas regretter mes actions
avoir le temps de me relaxer	parler français
avoir un bon métier	rendre service
choisir une bonne carrière	sortir beaucoup
être libre	???

1. Il est essentiel que _____.
2. Il est indispensable que _____.
3. Il est important que _____.
4. Il est utile que _____.
5. Il vaut mieux que _____.
6. Il est bon que _____.
7. Il est normal que _____.
8. Il est dommage que _____.

G 3. À la maison Vos parents vont partir pour quatre jours aider un parent malade. Pendant ce temps, vous allez rester seul(e) avec votre soeur. Vous demandez à votre mère ce qu'elle veut ou ne veut pas que vous fassiez.

▶ toi / sortir tous les soirs

VOUS: _Veux-tu que je sorte tous les soirs?_

VOTRE MÈRE: Non, _je ne veux pas que tu sortes tous les soirs._

1. toi / regarder la télévision toute la nuit

   VOUS: _____

   VOTRE MÈRE: Non, _____

2. ta soeur et toi / nettoyer la maison

   VOUS: _____

   VOTRE MÈRE: Oui, _____

3. ta soeur et toi / manger à McDonald's

   VOUS: _____

   VOTRE MÈRE: Non, _____

4. tes amis / venir dimanche

   VOUS: _____

   VOTRE MÈRE: Non, _____

5. toi / aller au supermarché

   VOUS: _____

   VOTRE MÈRE: Oui, _____

6. ta soeur et toi / prendre la voiture

   VOUS: _____

   VOTRE MÈRE: Non, _____

G 4. Après la boum La boum est terminée et vous demandez à vos amis de vous donner un coup de main pour débarrasser *(clean up)*. Lisez les excuses de chacun et dites ce que vous leur avez demandé en utilisant les suggestions données. Soyez logique!

aimer	balayer le sol
demander	donner un coup de main
désirer	essuyer la table
exiger	faire la vaisselle
insister	laver les verres
préférer	passer l'aspirateur
souhaiter	ranger le salon
vouloir	ranger les CD
	vider les poubelles

▶ VOUS: *J'exige que tu laves les verres.*
NADINE: Je voudrais bien, mais je suis très maladroite *(clumsy)*.

1. VOUS: _____
MAURICE: J'aimerais bien, mais je suis allergique aux détergents.

2. VOUS: _____
ANNA: Je regrette, mais je ne peux pas manipuler les choses lourdes.

3. VOUS: _____
PIERRE ET PAUL: Nous sommes désolés, mais nous devons partir.

4. VOUS: _____
SUZIE: Je regrette, mais ce n'est pas moi qui ai fait ce désordre.

5. VOUS: _____
MARTIN: Je voudrais bien, mais je n'ai pas d'éponge.

6. VOUS: _____
CLAIRE ET CLAUDE: Nous avons d'autres choses à faire.

7. VOUS: _____
GILLES: J'aimerais bien, mais la poussière me fait tousser *(to cough)*.

8. VOUS: _____
SARAH: Je voudrais bien, mais je ne sais pas où les mettre.

Pratique Comment décrire un objet

De toutes les formes Décrivez chaque objet illustré en donnant un ou plusieurs adjectifs pour chaque catégorie. (Attention à la forme des adjectifs!)

		Forme	Dimension	Apparence
1.				
2.				
3.				
4.				
5.				
6.				
7.				
8.				

👥 Communication

A. Un visiteur Votre correspondant du Sénégal va venir vous voir cet été. Expliquez-lui ce qu'il doit ou ne doit pas prendre et ce que vous espérez faire ensemble.

Tell him that:

- he must not forget his passport.
- it's too bad he won't stay longer.
- where you would like to go with him.
- which monuments you would like him to see.
- where you have to go shopping and what souvenirs he must buy.
- what activities you would like to do with him.
- it is not necessary to take a lot of money.

B. L'art moderne Pendant votre séjour à Paris, vous visitez le musée des Arts africains. Écrivez une lettre à votre meilleur(e) ami(e) où vous décrivez en détail les objets que vous avez préférés. Dites aussi pourquoi vous aimez ces objets d'art.

Paris, le _____

Chère / Cher _____,

Sais-tu que le musée des Arts africains à Paris est super? De tous les objets que j'ai vus, je préfère

_____

_____

_____

_____

_____

_____

_____

Unité 3. Vive la nature!

PARTIE 1

WRITING ACTIVITIES

A 1. Au parc national L'été dernier, vous avez passé des vacances en famille au parc national Forillon en Gaspésie, une région de Québec. Aidez-vous du plan pour dire ce que vous avez fait aux lieux mentionnés. (Attention: personne n'a fait la même chose!)

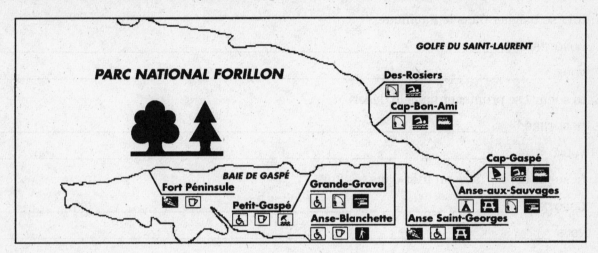

▶ toi / au Cap-Bon-Ami

   J'ai fait une promenade en bateau.

1. tes parents / à Grande-Grave

   _____

2. ta soeur / à Anse-Blanchette

   _____

3. toi / à l'Anse-aux-Sauvages

   _____

4. ton frère / au Cap-Gaspé

   _____

5. ta famille et toi / à Fort Péninsule

   _____

6. ta mère / à Des-Rosiers

   _____

7. ta soeur et toi / au Petit-Gaspé

   _____

8. tes cousines / à l'Anse Saint-Georges

   _____

A **2. La Californie en toute sécurité** Dorothée, votre amie française, veut visiter la Californie, mais elle a peur des accidents. Au téléphone, elle vous demande ce que vous ou d'autres personnes avez déjà fait dans la région. Pour la rassurer, vous lui dites quels accidents ne sont jamais arrivés. Écrivez ses questions et vos réponses. Soyez logique!

▶ toi / observer des animaux sauvages *(wild)*

DOROTHÉE: *Est-ce que tu as déjà observé des animaux sauvages?*

VOUS: *Oui, mais je n'ai jamais été attaqué(e) par un ours* (bear).

1. toi / se baigner dans le Pacifique

DOROTHÉE: _____

VOUS: _____

2. ta soeur / se promener dans le désert

DOROTHÉE: _____

VOUS: _____

3. ta soeur et toi / faire un tour dans les bois

DOROTHÉE: _____

VOUS: _____

4. tes copines / bronzer sur les plages de Los Angeles

DOROTHÉE: _____

VOUS: _____

5. ta mère / faire de l'escalade

DOROTHÉE: _____

VOUS: _____

6. ton frère et toi / faire une promenade en bateau

DOROTHÉE: _____

VOUS: _____

7. toi / faire du camping

DOROTHÉE: _____

VOUS: _____

8. tes copains et tes copines / faire un pique-nique

DOROTHÉE: _____

VOUS: _____

B 3. Jamais pendant les vacances! Quand vous étiez plus jeune, vous partiez toujours en vacances en famille. Dites ce que ces personnes ne faisaient jamais, et pourquoi, en utilisant les suggestions données. Soyez logique!

aller dans les champs
faire du camping
faire une promenade en bateau
laisser des déchets
prendre un bain de soleil
se baigner
se lever tôt
se perdre
se promener dans les bois
venir au club d'alpinisme
vouloir faire du feu

avoir le mal de mer
avoir peur des serpents
choisir toujours la plage
connaître le danger
détester les insectes
être allergique au soleil
nager très mal
respecter la nature
savoir lire les cartes *(maps)*
se perdre facilement
sortir tous les soirs

▶ Moi, *je ne me promenais jamais dans les bois parce que je me perdais facilement.*

1. Grand-père _____

_____

2. Sylvain et toi, _____

_____

3. Élise _____

_____

4. Tu _____

_____

5. Nous deux, _____

_____

6. Moi, _____

_____

7. Mes cousines _____

_____

8. Ton père et toi, _____

_____

9. Tes parents _____

_____

10. Tu _____

_____

C 4. En camping Carole a fait du camping en Suisse avec Marie-Pierre et ses amis. Elle vous raconte ce qui s'est passé. Complétez ses phrases avec le verbe approprié à l'imparfait ou au passé composé.

aimer	marcher
aller	nager
avoir	partir
commencer	regarder
connaître	repartir
crier *(to shout)*	rester
décider	s'arrêter
donner	s'avancer
être	se lever
faire	voir

Nous (1) _____ tôt tous les matins. Après le petit déjeuner, nous

(2) _____ notre journée. Nous (3) _____ tous les

jours parce que nous (4) _____ du camping au bord d'un lac. Un jour,

Marie-Pierre (5) _____ d'aller se promener dans la forêt.

Je (6) _____ avec elle. Nous (7) _____ bien le

chemin *(path)* parce que ce n'(8) _____ pas la première fois que nous

(9) _____ dans cette forêt. Nous (10) _____ une heure,

puis nous (11) _____ pour nous reposer. Tout à coup, Marie-Pierre

(12) _____. Je/J'(13) _____ dans sa direction et je/j'

(14) _____ un énorme ours brun! L'ours (15) _____

vers nous calmement. Marie-Pierre lui (16) _____ un gâteau et il

(17) _____. Moi, je/j'(18) _____ très peur! Heureusement,

cet ours (19) _____ les gâteaux suisses! Après ce petit incident, je/j'

(20) _____ au bord du lac tous les jours.

PARTIE 2

WRITING ACTIVITIES

A 1. L'incendie de la ferme En juillet, vous avez fait du camping à la ferme. Mais il y a eu un incendie dont vous avez été le témoin. Vous racontez l'événement à votre ami. (Attention: mettez le verbe au temps approprié et respectez l'ordre chronologique des événements.)

appeler les pompiers *(firefighters)*	ne pas y avoir de victimes
arriver	se passer très vite
assister à la destruction de la ferme	se trouver dans le jardin
avoir très peur	voir des flammes
être sains et saufs *(safe and sound)*	

▶ Tout d'abord, ma soeur et moi, nous *nous trouvions dans le jardin*.

1. D'abord, nous _____.

2. Puis, j'_____.

3. Ma soeur et moi, nous _____.

4. Ensuite, les pompiers _____.

5. Puis, les événements _____.

6. Après, nous _____.

7. Enfin, nous _____.

8. Finalement, il _____.

A 2. La météo Vous êtes en train de lire *l'Écho des Alpes*, un journal suisse. Voici les titres de chaque article. D'après ces titres, devinez quel type de mauvais temps a causé chaque accident. (Attention: chaque accident doit avoir une cause différente.)

▶ Une jeune femme tombe en marchant dans la rue.
Elle est tombée parce qu'il y avait du verglas.

1. Il y a une inondation dans la rue principale.

_____

2. Un enfant se casse la jambe.

_____

3. Un arbre vieux de 300 ans brûle.

_____

4. Des alpinistes se perdent en montagne.

_____

5. La circulation *(traffic)* s'arrête.

_____

6. Une antenne tombe d'un toit.

_____

7. Les amateurs de parapente ne partent pas.

_____

8. Un petit garçon, seul chez lui, a très peur.

_____

B **3. Des vacances de rêve** Vous écrivez à votre correspondant
de la Côte d'Ivoire pour lui raconter les plus belles vacances de votre
vie. Complétez les phrases en mettant les verbes donnés à l'imparfait
ou au passé composé.

MADAGASCAR
•Antananarivo
Ranomafana
Parc national

Cher Fabrice,

    Quand j'_____ dix ans, je _____ à
               (1) avoir   (2) aller

Madagascar avec ma famille. Quelle surprise! D'abord, je ne _____
                                               (3) savoir

pas qu'on _____ français sur cette île à l'est de l'Afrique.
           (4) parler

Il _____ très chaud quand nous _____.
      (5) faire   (6) arriver

Tout d'abord, nous _____ Antananarivo, la capitale. Puis,
                 (7) visiter

nous _____ au parc Ranomafana. Un jour, pendant que mes parents
        (8) aller

_____ des orchidées, ma soeur et moi, nous _____
    (9) admirer   (10) voir

un caméléon. Au moment où nous _____ le toucher, il
                           (11) vouloir

_____ de couleur! Au parc, il y _____ aussi
  (12) changer   (13) avoir

des lémuriens (lemurs) et des plantes sauvages. C'_____
                                     (14) être

magnifique. J'_____ vraiment heureux (heureuse) d'être dans ce
         (15) être

parc. Finalement, nous _____ aux États-Unis lorsque la saison
             (16) rentrer

des pluies _____. Ces vacances _____ vraiment
      (17) commencer   (18) être

incroyables.

                                 Amicalement,

                                 _____

Nom _____ Date _____

B 4. Problèmes naturels Il y a un an, vous avez travaillé dans un camp de vacances «Jeunes et Nature» dans les Laurentides au Québec. Mais la météo vous a posé quelques problèmes. Racontez vos mésaventures en formant des phrases avec les suggestions données. Soyez logique! (Attention au temps des verbes.)

> QUEL TEMPS?
> brouillard, ciel, froid, neige, noir, pluie, tempête, tonnerre, vent
>
> À QUEL MOMENT?
> au moment où, lorsque, pendant que, quand

▶ voir des lumières bizarres
  Il faisait noir quand j'ai vu des lumières bizarres.

1. planter la tente
   _____

2. se baigner dans le lac
   _____

3. vouloir prendre un bain de soleil
   _____

4. se perdre dans le bois
   _____

5. arriver au sommet de la montagne
   _____

6. enregistrer *(to record)* le chant des oiseaux
   _____

7. faire de la planche à voile
   _____

8. dormir dehors
   _____

C 5. Quelques personnages historiques Lisez ces brèves biographies de Français célèbres. Puis, récrivez ces biographies en remplaçant chaque verbe au passé simple par le passé composé.

Le Marquis de La Fayette *(1757–1834)   Général et politicien, La Fayette devint populaire parce qu'il participa activement à la guerre de l'Indépendance américaine. Il prit le parti des Américains. En 1802, il facilita l'acquisition de la Louisiane par les États-Unis, mais il refusa le poste américain de gouverneur de la Louisiane.*

1. _____
   _____
   _____
   _____
   _____

Samuel de Champlain *(1567–1635)   Le roi Louis XIII ordonna à Champlain d'établir une colonie au Canada, alors appelé la Nouvelle-France. En 1604, il visita l'Acadie (aujourd'hui la Nouvelle-Écosse) puis, en 1608, il fonda Québec et en devint le gouverneur. Il explora aussi les Grands Lacs et mourut au Québec en 1635.*

2. _____

_____

_____

_____

_____

Napoléon 1er *(1769–1821)   De simple capitaine de l'armée, Napoléon Bonaparte devint Empereur de France en 1804. Napoléon fit beaucoup de guerres et il annexa de nombreuses régions européennes. En 1803, il vendit la Louisiane que les Américains payèrent 80 millions de francs. Napoléon mourut en exil en 1821.*

3. _____

_____

_____

_____

_____

Marie Curie *(1867–1934)   Marie Curie naquit en Pologne mais elle vécut en France. Elle fut la première femme professeur à la Sorbonne, la prestigieuse université de Paris. Elle épousa Pierre Curie en 1895. Elle devint célèbre pour sa découverte du radium. Elle reçut deux prix Nobel: un de physique en 1903 et un de chimie en 1911.*

4. _____

_____

_____

_____

_____

Louis Pasteur *(1822–1895)   Homme de science, Louis Pasteur mit au point une méthode de conservation que l'on appela la pasteurisation. Il découvrit le vaccin contre la rage (rabies) en 1885. Il inventa également d'autres vaccins et il donna son nom à l'Institut Pasteur, un centre de recherche et de production de vaccins et de sérums.*

5. _____

_____

_____

_____

_____

Communication

A. Madagascar Vous êtes allé(e) à Madagascar pour y observer les animaux et étudier les plantes. À votre retour, vous racontez en détail à vos amis ce que vous avez vu et fait.

MADAGASCAR

sanctuaire de la nature...

Le tourisme de découverte, l'autre tourisme, vous êtes pour? Alors, vous pouvez vous envoler cette année pour le pays des sept variétés de baobab, contre une seule pour l'Afrique. Le pays des mille espèces d'orchidées, parmi lesquelles l'*Angraecum sesquipedale* et son éperon de trente-cinq centimètres. Le pays du plus grand papillon du monde, l'*Argema mittrei,* ou des caméléons dont il possède les deux tiers des espèces connues. Le pays de bien d'autres curiosités encore, et surtout des lémuriens (en photo) dont vous ne trouverez ailleurs que quelques rares cousins égarés...
Ce sanctuaire de la nature, nous l'avons hérité du Gondwana. Ce pays, c'est le nôtre, nous vous y attendons.

AIR MADAGASCAR

Tell your friends:

- why you wanted to go there.

- what you have discovered there.

- what you have seen.

- what the weather was like.

- how you felt.

- what mishap(s) occurred.

- if you loved it or not and why.

B. Les dernières nouvelles Vous êtes journaliste au *Journal de la Montagne*. Un fax vous informe d'un accident qui vient d'avoir lieu. Lisez les informations données, puis écrivez votre article en disant ce qui s'est passé, où, quand, comment et sous quelles conditions. Donnez le plus de détails possibles. (Attention: utilisez l'imparfait ou le passé composé.)

---

20 mars 14h25   PAGE 1

AGENCE FRANCE-PRESSE
☎ (55) 55.55.55.55   **Fax:** 12.34.56.78

Dernière minute
Ce matin, à la station de ski d'Albertville, Alpes

Événement: Avalanche pendant de fortes tempêtes de neige.
Heure: 8h30, au moment où les classes de ski commencent.
Note: Pendant l'avalanche: beaucoup de vent, brouillard, même bruit que pendant un orage.
Témoins: les skieurs. Réaction des témoins: peur puis contents car pas de victimes.
Température: très basse.

_____

_____

_____

_____

_____

_____

_____

_____

_____

_____

_____

Unité 4. Aspects de la vie quotidienne

PARTIE 1

WRITING ACTIVITIES

A 1. Au supermarché Ce sont les vacances. Mais malheureusement votre mère s'est cassé la jambe et ne peut pas sortir. Répondez à ses questions en utilisant les suggestions données et le pronom **y.**

bientôt	**dans une heure**	**il y a deux heures**
ce matin	**demain**	**il y a une heure**
cet après-midi	**hier**	**maintenant**

▶ Quand vas-tu au supermarché?

J'y vais maintenant.

1. Quand vas-tu aller chez le photographe?

   _____

2. Quand repartez-vous en ville, ton frère et toi?

   _____

3. Quand étais-tu à la pharmacie?

   _____

4. Quand ton père doit-il retourner chez le docteur?

   _____

5. Quand tes frères sont-ils passés à la supérette?

   _____

6. Quand pars-tu à la papeterie?

   _____

7. Quand ta soeur se trouvait-elle à la poste?

   _____

8. Quand ton père a-t-il été à la boutique?

   _____

papeterie ab

14, rue Gustave Eiffel
94230 MONTGERON

FOURNITURES ET MATERIELS
• pour le BUREAU
• pour l'INFORMATIQUE
• pour le SCOLAIRE
Fax: 01 69 42 57 57
01 69 40 80 80

Nom _____ Date _____

B 2. À la papeterie C'est la rentrée et vous allez à la papeterie pour acheter des fournitures *(supplies)* scolaires. Aidez-vous de l'illustration pour écrire les questions de Madame Dupin, la vendeuse. Puis, répondez en donnant une quantité. Soyez logique!

▶ (prendre)

MME DUPIN: *Est-ce que tu prends de la colle?*

VOUS: *J'en prends deux tubes.*

1. (trouver)

MME DUPIN: _____

VOUS: _____

2. (avoir besoin)

MME DUPIN: _____

VOUS: _____

3. (vouloir)

MME DUPIN: _____

VOUS: _____

4. (acheter)

MME DUPIN: _____

VOUS: _____

5. (désirer)

MME DUPIN: _____

VOUS: _____

6. (prendre)

MME DUPIN: _____

VOUS: _____

7. (il faut)

MME DUPIN: _____

VOUS: _____

8. (chercher)

MME DUPIN: _____

VOUS: _____

A/B 3. L'entretien (Interview) Vous voulez travailler aux Galeries Lafayette à Paris. Vous avez posé votre candidature *(applied)* par écrit et maintenant, vous êtes interviewé(e) au téléphone. Donnez des réponses (personnelles ou imaginaires) en utilisant les pronoms **y** et **en.**

1. Combien de langues étrangères parlez-vous?

_____

2. Étudiez-vous le marketing à l'université?

_____

3. Faites-vous attention aux détails?

_____

4. Pourquoi avez-vous besoin de ce travail?

_____

5. Voulez-vous me parler de vos problèmes personnels?

_____

6. Avez-vous déjà travaillé dans ce genre de magasin?

_____

7. Quand allez-vous à la bibliothèque?

_____

8. Avez-vous envie de travailler pendant toutes les vacances d'été?

_____

9. Où prenez-vous des cours de maths?

_____

10. Êtes-vous déjà allé(e) aux Galeries Lafayette à New York?

_____

B 4. Chez le photographe Vous êtes client chez le nouveau photographe de votre ville. Votre ami(e) vous demande des renseignements sur ses services. Répondez à ses questions en utilisant les pronoms de quantité suggérés. Soyez logique!

certains	la plupart	plusieurs	quelques-uns	un autre

▶ Les vendeurs sont-ils tous sympathiques?

La plupart sont sympathiques.

1. Y a-t-il des appareils-photo très chers?

_____

2. Y a-t-il des accessoires en solde?

_____

3. Leurs photos sont-elles floues *(out of focus)*?

_____

4. Leurs photos ont-elles gagné des prix *(prizes)?*

_____

5. Ce photographe va-t-il faire les photos au mariage de ta cousine?

_____

6. Toutes les diapos sont-elles moins chères que les pellicules couleurs?

_____

7. Leurs portraits sont-ils tous en noir et blanc?

_____

8. Cette vendeuse t'a-t-elle donné ces mauvaises piles?

_____

C 5. À la supérette Vous faites quelques achats à la supérette. Dites ce qui se passe dans le magasin en formant des phrases avec les suggestions données. Soyez logique!

acheter	**certains**	**la marque de détergent**
avoir besoin	**d'autres**	**les billets de loterie**
avoir envie	**la plupart de**	**les marques de savon**
mettre	**plusieurs**	**les pelotes de ficelle**
payer	**quelques**	**les produits d'entretien**
préférer	**un autre**	**les produits sur le rayon**
recommander		**les rouleaux de Sopalin**
refuser		**les suggestions du vendeur**
vouloir		**ses achats avec sa carte de crédit**

▶ Monsieur Malin *veut plusieurs produits d'entretien.*

1. Madame Leroux _____.

2. Ce garçon _____.

3. Le vendeur _____.

4. Moi, je (j') _____.

5. Le représentant _____.

6. Cette cliente _____.

7. Tu _____.

8. Annie et Sébastien _____.

PARTIE 2

WRITING ACTIVITIES

📑 **Pratique** L'accord du participe passé

Chez le coiffeur Vous avez été dans un grand salon de coiffure français pour la première fois et votre petite soeur est très curieuse de savoir ce que vous y avez fait. Répondez à ses questions en employant les pronoms nécessaires (**le, la, l', les, y, en**). (Attention à l'accord du participe passé.)

▶ Tu as payé le coiffeur?
  Oui, je l'ai payé.

▶ N'as-tu pas payé le coiffeur?
  Non, je ne l'ai pas payé.

1. As-tu vu la célèbre coiffeuse?

   _____

2. As-tu fait une coupe-brushing?

   _____

3. N'as-tu pas coloré tes cheveux?

   _____

4. As-tu acheté une bouteille de shampooing?

   _____

5. N'as-tu pas voulu de tresses *(braids)?*

   _____

6. As-tu lu les revues de mode?

   _____

7. As-tu écouté les conseils du coiffeur?

   _____

8. As-tu fait attention à l'heure?

   _____

9. N'as-tu pas pensé à la réaction de Papa en voyant ta coupe?

   _____

10. As-tu remercié le coiffeur et la caissière?

    _____

A. Révision: les pronoms *le, la, les* et *lui, leur*

🅰 **1. La coiffure et vous** Faites-vous très attention à vos cheveux? Répondez à ces questions personnelles en utilisant les pronoms appropriés (**le, la, l', les, lui, leur, y, en**).

▶ Comment préférez-vous vos cheveux? *Je les préfère longs.*

1. Où faites-vous votre raie?

   _____

2. Quel salon de coiffure recommandez-vous à vos amis?

   _____

3. Colorez-vous vos cheveux?

   _____

4. Utilisez-vous un séchoir?

_____

5. Faites-vous attention à la mode?

_____

6. Êtes-vous fidèle à votre salon de coiffure?

_____

7. Conseillez-vous souvent votre amie?

_____

8. Rendez-vous visite à votre coiffeur régulièrement?

_____

9. Mettez-vous de l'après-shampooing?

_____

10. Que dites-vous à vos amis quand ils veulent changer de coiffure?

_____

A/B 2. Retour du Maroc Vous avez fait un séjour chez votre ami Ahmed au Maroc. À votre retour, vous répondez aux questions de vos amis sur ce que vous avez fait. Utilisez deux pronoms dans chaque phrase. (Attention à l'accord du participe passé.)

▶ Tu as montré tes photos au professeur?

Oui, je les lui ai montrées.

1. Tu as invité tes nouveaux amis au restaurant?

_____

2. Ahmed t'a donné un cadeau?

_____

3. Tu as emprunté la voiture aux parents d'Ahmed?

_____

4. Tu as acheté des souvenirs pour tes parents?

_____

5. Ahmed t'a emmené(e) à Casablanca?

_____

6. Ahmed t'a envoyé la cassette vidéo?

_____

7. Tu as parlé à Ahmed de la vie aux États-Unis?

_____

8. Ahmed et toi, vous avez célébré la fête nationale à Marrakech?

_____

9. Ahmed t'a offert des spécialités marocaines?

_____

10. Tu as donné ton numéro de téléphone à Ahmed?

_____

A/B **3. À vos ordres!** Vous êtes chez le coiffeur. Chaque client veut quelque chose de spécial. Écrivez ce que chacun ordonne au coiffeur en utilisant deux pronoms compléments. Soyez logique!

▶ Pascale veut des cheveux courts.

Elle dit: _Coupez-les-moi._

1. Vous voulez des tresses.

   Vous dites: _____

2. Madame Puce veut que les cheveux de ses filles soient très propres.

   Elle dit: _____

3. Roberto ne veut pas ses cheveux courts.

   Il dit: _____

4. Ariane et moi, nous voulons acheter ce shampooing spécial.

   Nous disons: _____

5. Mademoiselle Durant veut sa frange (bangs) plus courte.

   Elle dit: _____

6. Les punks veulent que le coiffeur coupe tous leurs cheveux.

   Ils disent: _____

7. Madame Roitelet demande de faire des tresses à ses deux filles.

   Elle dit: _____

8. Vous exigez cet après-shampooing.

   Vous dites: _____

📝 **Pratique** _Faire + infinitif_

Que faire? Chaque problème a une solution. Dites ce que chacun doit faire pour remédier aux situations données. Soyez logique!

▶ Ma pellicule est terminée.

   Tu la fais développer.

1. Le magnétoscope de mon père ne marche plus.

   _____

2. Les talons de tes chaussures sont usés.

   _____

3. Monique a une tache sur son chemisier.

   _____

4. Notre voiture est vraiment très sale.

_____

5. Le pantalon de son costume est froissé *(wrinkled)*.

_____

6. Mon costume est sale.

_____

7. Nos cheveux sont trop longs.

_____

8. Vous avez besoin de beaucoup de sandwichs pour la fête.

_____

A. La construction *faire* + infinitif

A 1. Les services Dites ce que vous faites faire quand vous allez voir les personnes suivantes. Donnez au moins deux exemples de service dans chaque réponse.

▶ Chez le vétérinaire

Je fais examiner mon chien. Je fais vacciner mon chat.

1. Chez le garagiste

_____

_____

2. Chez le teinturier

_____

_____

3. Chez le cordonnier

_____

_____

4. Chez le photographe

_____

_____

5. Chez le coiffeur

_____

_____

6. Chez la manucure

_____

_____

_____

Nom _____ Date _____

 Communication

A. Soyons écologiques! Vous travaillez pour un restaurant. Vous lisez cette publicité dans un magazine spécialisé et vous décidez d'écrire un mémorandum au patron *(boss)* pour lui demander de changer de produit vaisselle. Essayez de le convaincre *(convince)* d'utiliser le détergent Rainett.

"*Et pourquoi un produit vaisselle écologique ne serait-il pas efficace?*"

RAINETT VAISSELLE

- RAINETT CONTIENT DES AGENTS ACTIFS TRÈS EFFICACES, DONT LA FORMULE A ÉTÉ ÉTUDIÉE POUR ÊTRE LA PLUS INOFFENSIVE POUR L'ENVIRONNEMENT.
- LES AGENTS ACTIFS SONT BIODÉGRADABLES À PLUS DE 98%.
- RAINETT EST PLUS DOUX POUR LES MAINS, VÉRIFIÉ PAR DES TESTS DERMATOLOGIQUES.
- RAINETT FAIT BRILLER LA VAISSELLE GRÂCE À SA FORMULE ANTI-TACHES AU CITRON.

RAINETT LA FORCE VERTE

Tell your boss:

- that his actual product is dangerous, to what/whom and how.
- what you recommend that he do, and three reasons why.
- why this is important to you.
- what everybody should do regarding the environment.

MEMORANDUM

À: Monsieur Pipelet, directeur du restaurant «Les Pommes Vertes»

De la part de: _____

Date: _____

Sujet: Achat d'un nouveau produit vaisselle

_____

_____

_____

_____

_____

_____

B. Sondage (Poll) Un magazine pour les jeunes Français fait un grand sondage sur les étudiants et le shopping. Participez-y en répondant aux questions. (Utilisez des pronoms dans vos réponses pour aller plus vite!)

❖ ❖❖ ❖❖ ❖❖ ❖❖ ❖❖ ❖❖ ❖❖ ❖ **SONDAGE** ❖ ❖❖ ❖❖ ❖❖ ❖❖ ❖❖ ❖❖ ❖❖ ❖

1. Où faites-vous vos achats en général?

_____

2. Qu'achetez-vous dans votre magasin favori?

_____

3. Achetez-vous beaucoup de CD?

_____

4. Donnez-vous souvent des cadeaux à vos ami(e)s?

_____

5. Emmenez-vous votre petit(e) ami(e) au centre commercial?

_____

6. Un vendeur vous a vendu un article que vous n'aimez pas vraiment. Que faites-vous?

_____

7. Que faites-vous quand vos chaussures sont usées?

_____

8. Aimez-vous aller à la poste et pourquoi?

_____

9. Où achetez-vous vos fournitures scolaires?

_____

10. Avez-vous fait un cadeau récemment? À qui et quoi?

_____

Unité 5. Bon voyage!

PARTIE 1

WRITING ACTIVITIES

A 1. À la douane Après de superbes vacances passées en Guadeloupe, vous rentrez aux États-Unis. À l'aéroport, le douanier vous interroge. Répondez négativement à ses questions. Utilisez les expressions négatives suggérées.

aucun	ni . . . ni	nulle part	personne	rien

▶ —À qui avez-vous prêté votre passeport?

—*Je n'ai prêté mon passeport à personne.*

1. —Avez-vous été hospitalisé(e) ou malade?

   —_____

2. —Qu'avez-vous à déclarer?

   —_____

3. —Possédez-vous des armes?

   —_____

4. —Qui a photocopié votre carte d'identité?

   —_____

5. —Où avez-vous perdu votre permis de conduire?

   —_____

6. —Avez-vous acheté des médicaments?

   —_____

7. —Transportez-vous des plantes ou de la nourriture?

   —_____

8. —Qui avez-vous rencontré de suspect?

   —_____

   _____

9. —Que cachez-vous *(are you hiding)*
   dans votre sac à dos?

   —_____

   _____

10. —Où êtes-vous entré(e) illégalement?

   —_____

   _____

MER DES ANTILLES

Anse Bertrand
Port-Louis
Ste-Rose
Le Moule
Grande-Terre
POINTE-À-PITRE
Pointe-Noire
St-François
Petit Bourg
Le Gosier
Ste-Anne
Basse-Terre
OCÉAN ATLANTIQUE
Basse-Terre
Trois-Rivières
GUADELOUPE

B 2. Des vacances pour tous! Vous discutez avec vos amis de vos vacances d'été. Vous aimeriez partir ensemble, mais chacun a ses exigences et ses particularités. Expliquez ce qu'elles sont en utilisant le verbe suggéré, l'expression **ne . . . que** et une expression de votre choix. Soyez logique!

▶ Éric et Christine aiment apprendre les langues. (faire)

  Ils ne font que des séjours linguistiques.

1. Ton frère parle une seule langue. (connaître)

   _____

2. Marc et moi, nous sommes végétariens. (manger)

   _____

3. Julio et toi, vous détestez la mer. (aller)

   _____

4. Moi, je préfère faire du camping. (partir)

   _____

5. Claire a peur de l'avion. (prendre)

   _____

6. Martine et moi, nous travaillons en juin et en juillet. (être)

   _____

7. Tu aimes apprendre quelque chose de nouveau pendant tes vacances. (faire)

   _____

8. Antoinette choisit toujours d'aller à la plage. (aimer)

   _____

Nom _____ Date _____

PARTIE 2

WRITING ACTIVITIES

Pratique Le futur

Allons au festival! Vous organisez le voyage du Cercle Français au festival international de Louisiane, à Lafayette. Les membres du club veulent connaître tous les détails. Écrivez leurs questions et vos réponses en mettant les verbes au futur. Utilisez des pronoms dans vos réponses pour aller plus vite.

▶ nous / aller à Baton Rouge

VOTRE AMI: *Est-ce que nous irons à Baton Rouge?*

VOUS: Non, *nous n'y irons pas*.

1. toi / obtenir nos cartes d'embarquement à l'avance

VOTRE AMI: _____

VOUS: Oui, _____.

2. nous / faire une escale

VOTRE AMI: _____

VOUS: Non, _____.

3. l'avion / atterrir à La Nouvelle-Orléans

VOTRE AMI: _____

VOUS: Oui, _____.

4. moi / avoir un billet de classe touriste

VOTRE AMI: _____

VOUS: Oui, _____.

5. Sarah et moi / pouvoir avoir un siège près de la fenêtre

VOTRE AMI: _____

VOUS: Oui, _____.

6. toi / savoir le numéro de vol demain

VOTRE AMI: _____

VOUS: Non, _____.

7. nous / payer nos billets au retour

VOTRE AMI: _____

VOUS: Non, _____.

8. les hôtesses / offrir des sodas

VOTRE AMI: _____

VOUS: Oui, _____.

A 1. Tout se passera bien La semaine prochaine, vous prendrez l'avion avec vos frères et soeurs pour aller passer deux semaines chez vos grands-parents. Vos parents ont besoin d'être rassurés. Dites-leur ce que vous ferez en utilisant les suggestions des deux colonnes. Soyez logique!

acheter	au courant *(informed)* de ce qui se passe
appeler	dans l'aéroport
arriver (à)	dans l'avion
attacher	des cartes postales à toute la famille
devoir	l'aéroport à l'heure
dormir	maman de l'aéroport
envoyer	me reposer chez les grands-parents
être	nos valises
faire attention (à)	nous attendre à l'arrivée
pouvoir	quelques magazines
se promener	sa ceinture de sécurité

▶ Patricia et moi, nous *arriverons à l'aéroport à l'heure*.

1. Lucas et moi, nous _____.

2. Patricia _____.

3. Philippe _____.

4. Je (J') _____.

5. Patricia et moi, nous _____.

6. Lucas et toi, vous _____.

7. Les grands-parents _____.

8. Tu _____.

9. Je (J') _____.

10. Papa et toi, vous _____.

B 1. Les projets Vos amis et vous projetez de faire un voyage en train quand vous serez en France. Aidez-vous des suggestions données pour dire ce que vous ferez si les circonstances suivantes se présentent. Soyez logique!

▶ Tu n'as pas de siège près de la fenêtre. (occuper quoi?)

Si je n'ai pas de siège près de la fenêtre, j'occuperai une place près du couloir.

1. Vous ne pouvez pas partir. (annuler quoi?)

_____

2. Pierre et moi, nous allons en Suisse. (passer par quoi?)

_____

3. Tu es fatigué(e). (revenir quand?)

_____

4. Je veux faire des économies. (voyager comment?)

_____

5. Tes amis ne compostent pas leurs billets. (avoir quoi?)

_____

6. Lucille et moi, nous ratons le train. (prendre quoi?)

_____

7. Tu ne sais pas quel est le quai de départ. (regarder quoi?)

_____

8. Éric et toi, vous désirez acheter un autre billet. (aller où?)

_____

C 2. Bientôt les vacances! C'est bientôt les vacances d'été. Aidez-vous des illustrations pour dire ce que ces personnes feront et imaginez quand elles pourront faire cette activité. Soyez logique! (Attention: utilisez des verbes différents dans vos réponses.)

▶ (toi)

Je ferai de la plongée sous-marine quand je serai chez mon cousin.

1. (Luis et Francis)

_____

2. (moi)

_____

3. (Roger et moi)

_____

4. (Jacques)

_____

5. (toi et moi)

_____

6. (Marianne et sa soeur)

_____

7. (toi)

_____

8. (Mimi et moi)

_____

C 3. Que ferez-vous? Quels sont vos projets d'avenir? Dites ce que vous ferez quand vous serez confronté(e) aux situations suivantes. (Attention: dans vos réponses, utilisez les conjonctions de temps suggérées.)

aussitôt que	dès que	lorsque	quand

▶ gagner à la loterie

J'achèterai une voiture neuve aussitôt que je gagnerai à la loterie.

1. être en vacances

_____

2. obtenir votre diplôme

_____

3. avoir du temps libre

_____

4. être indépendant(e)

_____

5. gagner assez d'argent

_____

6. en avoir l'opportunité

_____

7. acheter une voiture

_____

8. chercher du travail

 Pratique Le conditionnel

En avion Dites ce que chacun ferait si vos amis et vous preniez l'avion. Utilisez les suggestions des deux colonnes et mettez les verbes au conditionnel.

acheter	à la porte de départ à l'heure
annoncer	des billets aller et retour
avoir	des places près des fenêtres
être	des produits hors-taxes
faire	des réservations à l'avance
mettre	direct
regarder	les bagages à main sous le siège
se présenter	les nuages
vendre	l'heure d'arrivée
vouloir	plus confortablement en première classe
voyager	un siège dans la section non-fumeur

▶ Je *regarderais les nuages*.

1. Les hôtesses _____ .

2. Le pilote _____ .

3. Les enfants _____ .

4. Je (J') _____ .

5. Alex et toi, vous _____ .

6. Tu _____ .

7. Paul et moi, nous _____ .

8. Les passagers _____ .

9. Le vol _____ .

10. Je (J') _____ .

D 1. Les conditions C'est bientôt Mardi Gras et le Cercle Français se prépare à partir en train pour Montréal. Complétez les phrases avec une expression de votre choix pour dire ce que vous et vos amis feriez dans les circonstances données. Soyez logique!

▶ Si vous ne fumiez pas, vous *choisiriez la section non-fumeur*.

1. Si tu avais de l'argent, tu _____ .

2. Si Corinne et toi, vous étiez en retard, vous _____ .

3. Si nous ne trouvions pas le quai, nous _____ .

4. Si je voulais voir le paysage *(scenery)*, je _____ .

5. Si Victor et Irène avaient leur permis de conduire, ils _____ .

6. Si le contrôleur passait, il _____ .

7. Si tu emportais beaucoup de vêtements, tu _____ .

8. Si nous étions prudents, nous _____ .

9. Si je passais par la douane, je _____ .

10. Si Agnès et toi, vous perdiez vos billets, vous _____ .

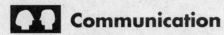 Communication

A. L'entrée au Canada Quand vous arrivez au Canada par avion, l'hôtesse vous demande de remplir une déclaration de douane identique à celle-ci. Prétendez que vous êtes un passager sur le vol Air Canada N° 048 à destination de l'aéroport Dorval de Montréal et remplissez la fiche.

Les réponses aux questions suivantes servent au contrôle douanier et à la compilation de statistiques.

À remplir par tous les voyageurs

		J M A
Nom de famille	Prénom et initiales	Date de naissance

Adresse — n°, rue	Code postal

Ville, village	Province ou état	PAYS

ARRIVÉE PAR (indiquer le moyen) :

☐ Air _____ _____
    Compagnie aérienne N° du vol   ☐ Marine ☐ Chemin de fer ☐ Autobus

J'ENTRE AU CANADA EN PROVENANCE
(Cocher une seule case)

☐ des É.-U. seulement (y compris Hawaï)

☐ d'un autre pays (vol direct)

☐ d'un autre pays via les É.-U.

INDIQUER LES 3 DERNIERS PAYS VISITÉS DURANT CE VOYAGE (excluant les É.-U.) :

_____

_____

_____

RAISON PRINCIPALE DE CE VOYAGE : ☐ Personnelle ☐ Voyage d'affaires

– J'apporte au Canada :	OUI	NON
• des articles dont la valeur/le nombre dépasse l'exemption personnelle, y compris des cadeaux **(voir feuille de renseignements)**;	☐	☐
• armes à feu ou autres armes; produits dérivés d'animaux menacés d'extinction;	☐	☐
• du matériel commercial, des marchandises destinées à un usage professionnel ou commercial, des articles à revendre, des échantillons, outils, équipement;	☐	☐
• des animaux, oiseaux, viandes, aliments contenant de la viande ou des produits laitiers, oeufs;	☐	☐
• des plantes, boutures, vignes, légumes, fruits, graines, noix, bulbes, racines ou de la terre.	☐	☐
– Je visiterai une ferme au Canada dans les 14 prochains jours.	☐	☐

B. Où iriez-vous? Où iriez-vous si vous pouviez faire un long voyage? Dites-le et donnez cinq exemples de ce que vous feriez dans ce pays.

Si je pouvais faire un long voyage, je (j') . . .

_____

_____

_____

_____

_____

_____

_____

_____

_____

Unité 6. Séjour en France

PARTIE 1

WRITING ACTIVITIES

A 1. Que choisir? Votre amie veut aller en France cet été et elle vous demande des renseignements. Répondez à ses questions en faisant des comparaisons variées et personnelles.

▶ Les auberges de jeunesse sont-elles confortables?

   Elles sont aussi (plus, moins) confortables que les hôtels.

1. Les auberges à la campagne sont-elles bruyantes?

   _____

2. Le téléphone en France fonctionne-t-il bien?

   _____

3. La nourriture dans un hôtel de luxe est-elle bonne?

   _____

4. Les hôteliers *(hotel managers)* acceptent-ils souvent les chèques?

   _____

5. La pension complète coûte-t-elle cher?

   _____

6. Les chèques de voyage sont-ils pratiques?

   _____

7. Les hôtels de luxe sont-ils bien situés?

   _____

8. Les salles d'exercices ferment-elles souvent?

   _____

9. Une auberge est-elle bon marché?

   _____

10. Le service dans un hôtel de luxe est-il bien fait?

   _____

fimotel Evry
Hôtel ** - TV - Canal+
Salle de bains complète
Petit déjeuner servi en chambre
Restaurant Le Gaulois
Cuisine traditionnelle : menu à partir de 12€
Séminaires • Banquets • Terrasse grill au feu de bois
8, rue du Bois Chaland
91029 LISSES
Fax : 01 60 86 07 90   **01 60 86 90 00**

B 2. Le guide touristique Votre ami veut écrire un guide touristique pour les étudiants américains qui désirent voyager en France. Avant de commencer, il fait une enquête pour savoir ce que les étudiants pensent des voyages et de la France. Pour chaque groupe, dites ce qui, à votre avis, est le plus ou le moins ancien (important, célèbre, etc.).

▶ La cathédrale Notre-Dame, l'Arc de Triomphe et la tour Eiffel sont les monuments anciens de Paris.

La cathédrale Notre-Dame est le monument le plus ancien de Paris.

La tour Eiffel est le monument le moins ancien de Paris.

1. La Normandie, l'Alsace et la Côte d'Azur sont les régions touristiques de France.

_____

_____

2. Une salle d'exercices, un ascenseur et un accès pour personnes handicapées sont les installations importantes d'un hôtel.

_____

_____

3. Chambord, Versailles et Chenonceaux sont les châteaux connus des Américains.

_____

_____

4. Napoléon, de Gaulle et Richelieu sont des personnages célèbres de l'histoire de France.

_____

_____

5. Le chèque de voyage, la carte de crédit et le chèque personnel sont les paiements bien acceptés dans les hôtels.

_____

_____

6. Un restaurant trois étoiles, un restaurant deux étoiles et un restaurant sans étoile sont les bons restaurants de la ville.

_____

_____

7. Les égoûts *(sewers)*, les catacombes et le cimetière du Père-Lachaise sont les attractions insolites *(unusual)* de Paris.

_____

_____

8. Une chambre pour deux personnes, une chambre à un lit et une chambre avec salle de bains privée sont les chambres spacieuses d'une auberge.

_____

_____

A/B **3. Paris-Londres** Vous séjournez en France et vous décidez d'aller passer quelques jours en Angleterre. Avant de choisir comment vous allez traverser la Manche *(Channel)*, vous comparez les différentes possibilités. (Attention: utilisez les formes comparatives et superlatives.)

TUNNEL

Prix: de 185€ à 430€ avec voiture

Vitesse du train: 135 km/h

Durée du voyage: 35mn

FERRY

Prix: de 165€ à 410€ avec voiture

Durée du voyage: 1h30 si la météo est bonne

Départs: toutes les 45 minutes

HOVERCRAFT

Prix: de 195€ à 450€ (Aucune voiture à bord)

Durée du voyage: 35 mn

▶ cher?

Le ferry est aussi cher que le tunnel. L'hovercraft est le plus cher.

1. rapide? _____

_____

2. amusant? _____

_____

3. récent? _____

_____

4. régulier? _____

_____

5. pratique? _____

_____

6. dangereux? _____

_____

PARTIE 2

WRITING ACTIVITIES

A/B 1. Des choix à faire Vous êtes à l'hôtel en Normandie avec un ami qui aime poser des questions. Formulez ses questions en utilisant les formes du pronom **lequel.** Puis, répondez en utilisant les formes du pronom **celui** et un superlatif de votre choix.

▶ vouloir visiter un château

VOTRE AMI: *Lequel veux-tu visiter?*

VOUS: *Je veux visiter celui qui est le plus ancien.*

1. aller au musée

VOTRE AMI: _____

VOUS: _____

2. parler des femmes de chambre

VOTRE AMI: _____

VOUS: _____

3. préférer les guides touristiques

VOTRE AMI: _____

VOUS: _____

4. participer à une visite organisée

VOTRE AMI: _____

VOUS: _____

5. revenir du parc

VOTRE AMI: _____

VOUS: _____

6. choisir un restaurant

VOTRE AMI: _____

VOUS: _____

7. assister aux fêtes

VOTRE AMI: _____

VOUS: _____

8. vouloir les couvertures

VOTRE AMI: _____

VOUS: _____

9. envoyer une carte postale

VOTRE AMI: _____

VOUS: _____

10. discuter des monuments historiques

VOTRE AMI: _____

VOUS: _____

Pratique Pronoms possessifs

Toujours la même chose! Vous rentrez d'un voyage de France et vous racontez que les pensionnaires *(hotel guests)* et vos camarades de voyage ont tous fait les mêmes choses! Donnez des exemples en utilisant les pronoms possessifs.

▶ M. Dupin a monté ses bagages.

Moi, j'ai monté les miens aussi.

1. Les Miraud ont réveillé leurs enfants à sept heures tous les jours.

   Les Paternac _____.

2. Arthur a téléphoné à ses parents tous les jours.

   Moi, j' _____.

3. J'ai utilisé mon oreiller spécial.

   Arthur _____.

4. Mirabelle a écrit à ses amis.

   Alice _____.

5. Madame Miraud a demandé des nouvelles de ses amies françaises.

   Toi, tu _____.

6. Tu as parlé de ta famille à la gérante.

   Pablo et moi, nous _____.

7. Les touristes anglais ont toujours pris leur déjeuner dans la chambre.

   Albert et toi, vous _____.

8. Mme Pierre a contesté sa note.

   Toi, tu _____.

9. La fille des Paternac a perdu ses clés.

   Muriel et moi, nous _____.

10. Arthur a remercié sa femme de chambre.

    Alice _____.

Communication

Où irez-vous? Lisez ces trois offres françaises, puis faites six comparaisons entre elles. Ensuite, d'après vos comparaisons, déterminez quelles seraient les meilleures vacances pour vous et pourquoi. (Attention: utilisez les formes superlatives et comparatives.)

SOUS LE SOLEIL...
Dans un vaste domaine près de la plage
Juste à côté de Nice

Venez passer des vacances d'été
incroyables dans une ambiance sportive
et sympathique.

UN PARADIS À 1H15 DE PARIS!

Écrivez ou appelez:
CLUB SOLEIL ET SPORT
108, avenue des Platanes - 75017 Paris
Tél.: 01.47.55.55.55

L'AUBERGE DU CHEVAL BLANC

Située dans la superbe vallée de la Vallouise, dans les Hautes-Alpes, l'auberge du Cheval Blanc est un châlet typique où vous passerez des vacances actives. Escalade, promenades et de nombreuses autres activités sportives vous attendent.
Semaine en pension complète de 218€ à 320€. Réduction enfants.

*Appeler
Marthe ou Pascal
au 04.93.55.00.55*

HÔTEL DES SOMMETS À CHAMONIX

Rénové en 25 appartements de grand luxe, l'hôtel des Sommets vous propose les services d'un hôtel de luxe aux prix d'un hôtel bon marché.

Vous aurez: Le petit déjeuner (6€ par jour et par personne), la télévision (23€ par semaine), le ménage quotidien (23€ par jour) et le linge de toilette (8€ par semaine), pour tout séjour en juillet ou août.

Appelez-nous vite pour faire vos réservations au:
04.50.34.44.55

Comparaisons

- _____
- _____
- _____
- _____
- _____
- _____

Je voudrais aller à/au _____

_____

_____

Unité 7. La forme et la santé

PARTIE 1

WRITING ACTIVITIES

A 1. Une épidémie Vous travaillez dans une colonie de vacances et vous venez de demander aux enfants de faire le ménage. Soudain, tout le monde est malade! Certains le sont vraiment, d'autres prétendent *(claim)* l'être. Dites ce que vous pensez des excuses de chacun et pourquoi. (Attention: utilisez le subjonctif ou l'indicatif selon les cas.)

▶ Monique a beaucoup de fièvre. (douter)

Je doute qu'elle ait beaucoup de fièvre parce
qu'elle n'a que 38 degrés de température.

1. Je me sens malade. (être sûr)

   _____

2. Luis et moi, nous sommes trop faibles. (ne pas être sûr)

   _____

3. Véronique et Nicole sont fatiguées. (être certain)

   _____

4. J'ai mal au ventre. (douter)

   _____

5. Patrick et moi, nous saignons du nez. (savoir)

   _____

6. Je vais chez le docteur. (souhaiter)

   _____

7. Céline tousse énormément. (savoir)

   _____

8. Océane et moi, nous restons au lit. (désirer)

   _____

B 2. Actions et réactions Dites quelle est votre attitude et celle de vos amis face aux situations données. Utilisez les verbes suggérés. Soyez logique!

craindre	peindre
croire	plaindre
éteindre	se plaindre de

▶ Tu n'aimes pas la clinique de l'université.

Tu te plains de la clinique.

1. Raúl et Yvette n'aiment plus la couleur de leur voiture.

_____

2. Sarah et toi, vous êtes désolé(e)s que Marianne soit malade.

_____

3. Je suis certaine que Patrick a dit la vérité.

_____

4. Ibrahim ne veut pas regarder ce programme de télé sur la médecine.

_____

5. J'ai reçu une mauvaise note en biologie.

_____

6. Chaque Noël, tes petits frères attendent leurs cadeaux près de la cheminée.

_____

7. Albert et toi, vous allez chez l'oculiste.

_____

8. Lucie et moi, nous disons que les maisons hantées *(haunted)* existent.

_____

9. Tu as peur de ce que tes parents vont dire quand ils verront leur voiture.

_____

10. Madeleine veut une plus belle chambre.

_____

C **3. À l'hôpital** Vous faites un stage à l'hôpital et vous discutez avec le médecin. Vous lui dites quelles sont les émotions de chacun en réponse à ses affirmations.

▶ (avoir peur / avoir quoi?)

LE MÉDECIN: Le petit Robert va faire une radio.

VOUS: Sa mère *a peur qu'il ait une pneumonie*.

1. (être fier / soigner qui?)

LE MÉDECIN: Le chirurgien vient d'opérer une star du cinéma.

VOUS: Il _____.

2. (être désolé / se sentir comment?)

LE MÉDECIN: Les infirmiers et moi, nous sommes très fatigués.

VOUS: Je _____.

3. (craindre / être quoi?)

LE MÉDECIN: Cet enfant doit prendre rendez-vous chez le spécialiste.

VOUS: Vous _____?

4. (être surpris / aller comment?)

LE MÉDECIN: Ce patient est bien portant maintenant.

VOUS: Les infirmières _____.

5. (regretter / ne pas travailler quand?)

LE MÉDECIN: Tu dois te reposer ce week-end.

VOUS: Je _____.

6. (être triste / avoir quoi?)

LE MÉDECIN: Madame Collot et moi, nous avons besoin d'antibiotiques.

VOUS: Mon collègue et moi, nous _____.

7. (être furieux / ne pas prendre quoi?)

LE MÉDECIN: Ces patients refusent leurs cachets.

VOUS: Vous _____?

8. (être ravi / se porter comment?)

LE MÉDECIN: Je viens d'examiner le bébé de ta soeur.

VOUS: Je _____.

C 4. Sentiments personnels Êtes-vous sensible *(sensitive)?* Pour chaque situation, écrivez une phrase pour exprimer vos émotions. (Attention: utilisez le plus de verbes et d'expressions d'émotion possibles.)

▶ Votre frère tousse beaucoup.

Je suis triste qu'il ait mal à la gorge.

1. Un chien est accidenté par une voiture dans la rue.

_____

2. Vous gagnez une médaille en sport.

_____

3. Vous avez un rendez-vous, mais votre ami(e) n'est pas encore là.

_____

4. Vos parents vous offrent un cadeau.

_____

5. Votre meilleur(e) ami(e) est malade.

_____

6. Vous avez perdu tout votre argent de poche.

_____

7. Vos amis ne viennent pas à votre boum.

_____

8. Vous vous sentez mal.

_____

9. Votre frère gagne à la loterie.

_____

10. Vous êtes injustement puni(e).

_____

Nom _____ Date _____

D **5. Diagnostics** Vous travaillez dans un cabinet médical et les patients vous demandent conseil. Répondez-leur en utilisant des expressions de doute et de certitude appropriées et variées. (Attention au temps des verbes.) Soyez logique!

▶ M. RENARD: Mon fils a de la fièvre, mais il ne tousse pas. A-t-il une pneumonie?

VOUS: *Je doute qu'il ait une pneumonie.*

1. MME ARNAUD: Mes enfants ont de la fièvre et des boutons. Ont-ils la varicelle?

VOUS: _____

2. MME LÉOTARD: Mon mari est déprimé. Doit-il prendre des vitamines?

VOUS: _____

3. ROGER: Ma soeur et moi, nous avons mal à la gorge. Avons-nous besoin d'antibiotiques?

VOUS: _____

4. M. HENRIOT: Mes enfants ont un rhume. Ont-ils besoin d'aller à l'hôpital?

VOUS: _____

5. M. LEMAIRE: Ma femme et moi, nous éternuons toujours quand nous nous promenons dans les champs. Sommes-nous allergiques au pollen?

VOUS: _____

6. PHILIPPE: J'ai eu les oreillons quand j'étais petit. Est-ce que je suis encore contagieux?

VOUS: _____

7. MOI: J'ai mal aux yeux. Dois-je aller chez l'oculiste?

VOUS: _____

8. MLLE CHANSON: Je me sens faible et j'ai des vertiges. Le médecin va-t-il prendre ma tension?

VOUS: _____

S.O.S. MÉDECINS

24h/24 en l'absence de votre médecin traitant

01 69 25 91 91

PARTIE 2

WRITING ACTIVITIES

A 1. Mauvaises nouvelles Vous téléphonez à votre correspondante française car vous êtes sans nouvelles depuis trois mois. Malheureusement, vous apprenez que ses amis ont eu beaucoup de problèmes. Exprimez vos réactions en utilisant les expressions de regret données et le passé du subjonctif.

| déplorer | être désolé | être triste | regretter |

▶ Arielle / avoir trois caries

Je suis désolé(e) qu'elle ait eu trois caries.

1. M. et Mme Seurat / avoir des problèmes de santé

   _____

2. Sylvie / se fracturer l'épaule

   _____

3. Maurice et Benjamin / rester à l'hôpital une semaine

   _____

4. toi / être déprimée

   _____

5. Isabelle / se brûler en cuisinant

   _____

6. M. Seurat / se couper au doigt

   _____

7. Thomas / se fouler la cheville en faisant du ski

   _____

8. Olivia et Colette / se blesser pendant les vacances

   _____

9. Clarisse et toi / prendre des gouttes très mauvaises

   _____

10. Léon et Hugues / tomber en faisant de l'escalade

   _____

Nom _____ Date _____

 Communication

A. Le concours (*contest*) Voici un concours publié dans le magazine français *VITAL*.
Répondez aux questions.

JEU-CONCOURS ⎯⎯⎯⎯⎯⎯⎯⎯⎯⎯⎯⎯⎯⎯⎯
LA MER VOUS APPREND LA SANTÉ

☀ **PRODUITS THALASSO**

1er PRIX: Un voyage en Thaïlande + un séjour d'une semaine pour 2 personnes en chambre double et en demi pension à Bangkok + 1 journée de soins au spa de votre hôtel.

2e PRIX: Une croisière de 8 jours pour 2 personnes en Grèce.

3e PRIX: Une semaine de thalassothérapie à La Baule (en Bretagne) pour 2 personnes + chambre double + pension complète à l'hôtel + 4 soins par jour.

4e PRIX: Une semaine de thalassothérapie à La Baule et à Port-Fréjus (Côte d'Azur) + chambre double + pension complète à l'hôtel + 4 soins par jour.

5e au 10e PRIX: Une croisière santé de 10 jours dans un centre marin en France.

11e au 100e PRIX: Produits de beauté Thalasso.

QUESTION N°1
Thalassothérapie signifie:
a. traiter par la mer et l'air marin.
b. traiter par les algues.
c. traiter par les boues *(mud)* marines.

QUESTION N°2
Les océans recouvrent *(cover)* une superficie de:
a. 40% du globe.
b. 70% du globe.
c. 85% du globe.

QUESTION N°3
Les algues, il en existe:
a. 3 000 espèces.
b. 5 000 espèces.
c. 25 000 espèces.

QUESTION SUPPLÉMENTAIRE:
Combien de réponses exactes avons-nous reçues à ce concours?

- -

BULLETIN DE PARTICIPATION
LA MER VOUS APPREND LA SANTÉ
À envoyer à: Thalasso, 39 rue des poissons, 75005 Paris
avant le 15 septembre à minuit.

QUESTION N°1 :   a. ☐   b. ☐   c. ☐   QUESTION N°2 :   a. ☐   b. ☐   c. ☐
QUESTION N°3 :   a. ☐   b. ☐   c. ☐   QUESTION SUPPLÉMENTAIRE: _____

Nom: _____ Prénom: _____

Adresse: _____

Code postal: _____ Ville: _____

Les prix gagnés ne pourront être ni échangés ni remboursés.

Maintenant, imaginez que vous avez gagné un prix. Dites lequel et pourquoi vous en êtes ravi(e).

_____

_____

_____

_____

_____

_____

B. Action humanitaire L'association «Médecins du Monde» recrute des volontaires, mais vos parents ne veulent pas vous laisser partir dans un pays étranger. Essayez de les convaincre en leur expliquant vos sentiments et pourquoi il faut que vous participiez à cette action humanitaire.

- Tell your parents that you have to go to this foreign country (tell which one) and why.
- Tell them that you are sorry that they don't want you to leave.
- Tell them that you are sure that you won't have any problems and why you feel that way.
- Tell them that you are sad they don't understand what the association does.
- Give some examples of actions undertaken by «Médecins du Monde».

Unité 8. En ville

PARTIE 1

WRITING ACTIVITIES

A 1. De bonnes idées Ce dimanche, votre meilleur ami et vous, vous essayez de décider ce que vous allez faire. Votre ami vous dit ce qu'il souhaiterait et vous lui suggérez des solutions. Soyez logique!

▶ moi / savoir quoi faire cet après-midi

VOTRE AMI: *Ah, si je savais quoi faire cet après-midi...*

VOUS: *Et si tu faisais un tour en ville?*

1. toi et moi / avoir une voiture

VOTRE AMI: _____

VOUS: _____

2. Marisol / venir avec nous au parc

VOTRE AMI: _____

VOUS: _____

3. toi / inviter Delphine

VOTRE AMI: _____

VOUS: _____

4. toi et moi / prendre un pot avec Charles et Joëlle

VOTRE AMI: _____

VOUS: _____

5. ton camarade de chambre / te prêter sa voiture

VOTRE AMI: _____

VOUS: _____

6. moi / sortir avec Dominique

VOTRE AMI: _____

VOUS: _____

7. toi / avoir la télévision

VOTRE AMI: _____

VOUS: _____

8. ton frère et toi / voir l'exposition

VOTRE AMI: _____

VOUS: _____

B 2. Au rendez-vous Vous avez eu rendez-vous avec vos amis en ville. À votre retour, votre petit frère vous demande de préciser ce qui s'est passé. Répondez à ses questions affirmativement ou négativement. (Attention: utilisez des pronoms si nécessaire et mettez les verbes au plus-que-parfait.) Soyez logique!

▶ Pourquoi Arielle n'a-t-elle pas choisi ce film au ciné?

(déjà voir) *Parce qu'elle l'avait déjà vu.*

1. Pourquoi n'as-tu pas montré les photos à Pierre?

   (apporter) _____

2. Pourquoi n'es-tu pas descendu(e) du bus au bon arrêt?

   (s'endormir) _____

3. Pourquoi Virginie ne t'a-t-elle pas donné l'adresse de Paul?

   (oublier) _____

4. Pourquoi Pierre et Benoît ne vous ont-ils pas retrouvés au café?

   (arriver) _____

5. Pourquoi Sébastien et toi n'avez-vous pas été au McDonald's?

   (déjeuner) _____

6. Pourquoi Anna ne s'est-elle pas promenée avec vous?

   (se blesser) _____

7. Pourquoi Rose et toi n'avez-vous pas été à l'heure au rendez-vous?

   (se dépêcher) _____

8. Pourquoi n'as-tu pas gardé ces lunettes de soleil?

   (emprunter) _____

B **3. Souvenirs de vacances** Avec vos amis, vous comparez vos vacances de l'année dernière à celles de l'année d'avant. Dans vos réponses, utilisez des pronoms (**le, la, l', les**) si nécessaire et ajoutez une expression de votre choix. Soyez logique!

▶ Ma sœur et moi, nous avons acheté nos souvenirs à l'aéroport.

L'année d'avant, nous les avions achetés en ville.

1. Mes parents sont allés à Marseille.

_____

2. Tu as voyagé en train.

_____

3. Mes cousines ont fait leurs réservations à l'avance.

_____

4. Mon neveu et toi, vous êtes restés à l'hôtel.

_____

5. J'ai organisé mes vacances moi-même.

_____

6. Mon prof de français s'est promené(e) à la campagne.

_____

7. Toi et moi, nous nous sommes retrouvé(e)s à Dijon.

_____

8. J'ai fait la connaissance des cousins de ma correspondante.

_____

9. Ma camarade de chambre a rencontré ses amis en France au mois de juillet.

_____

10. Mes copains et moi, nous sommes partis en France.

_____

PARTIE 2

WRITING ACTIVITIES

A/B **1. En ville** Et si vous vous promeniez en ville avec vos amis? Dites ce que vous feriez si vous alliez aux endroits représentés dans l'illustration. (Attention: utilisez des verbes différents dans chaque réponse.) Soyez logique!

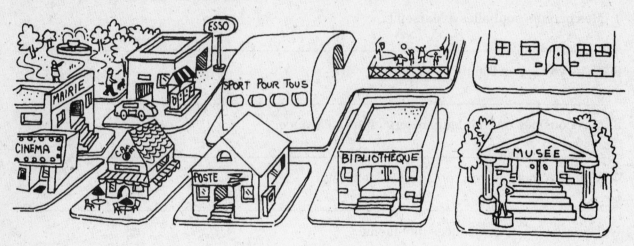

▶ (Caroline et moi)

   Si nous allions au musée, nous verrions une exposition.

1. (toi)

   _____

2. (Colette et Denise)

   _____

3. (moi)

   _____

4. (Sergio)

   _____

5. (toi et moi)

   _____

6. (Michel et toi)

   _____

7. (toi)

   _____

8. (Éric et Serge)

   _____

B **2. À Paris** Imaginez que votre famille et vous habitez à Paris maintenant. Dites si oui ou non les personnes mentionnées feraient les choses suggérées en fonction des conditions données. Soyez logique!

▶ Vous habitez dans un studio. Voulez-vous un appartement plus spacieux?

si nous habitions dans un studio, nous voudrions un appartement plus spacieux.

(Si nous habitions dans un studio, nous ne voudrions pas d'appartement plus spacieux).

1. Votre père travaille dans le centre-ville. Prend-il le métro chaque matin?

_____

2. Vous habitez dans un quartier bruyant. Êtes-vous stressé(e)?

_____

3. Votre soeur est étudiante. Va-t-elle souvent à la Bibliothèque nationale?

_____

4. Votre soeur et vous, souhaitez être acteurs (actrices). Prenez-vous des cours au Conservatoire des Arts et Métiers?

_____

_____

5. Vos parents et vous, vous habitez dans un immeuble. Avez-vous envie de vivre *(to live)* dans une tour?

_____

6. Le centre commercial des Halles est tout près de chez vous. Votre soeur y va-t-elle souvent?

_____

7. Vous détestez le tennis. Allez-vous voir les matchs au stade Roland-Garros?

_____

8. Votre mère adore les jardins publics. Se promène-t-elle régulièrement au jardin du Luxembourg?

_____

9. Vos amis habitent loin de chez vous. Viennent-ils chez vous à pied?

_____

10. Vos amis et vous, vous n'avez pas beaucoup d'argent. Prenez-vous un taxi pour aller au centre-ville?

_____

_____

C 3. Une interview spéciale Vous avez obtenu l'autorisation d'interviewer le président de la France pour le journal de votre université. Vous avez préparé une liste de questions, mais vous devriez les poser poliment au président. Formulez vos questions en utilisant les verbes **devoir, pouvoir, vouloir, aimer** et **souhaiter.** Soyez logique!

INTERVIEW AVEC LE PRÉSIDENT

- *parler de votre programme d'action sociale*

- *décrire une journée typique à l'Élysée*

- *être président d'un autre pays*

- *expliquer les raisons du chômage (unemployment)*

- *faire un autre métier*

- *participer aux sessions des Nations-Unies*

- *préciser votre plan pour aider les pays sous-développés*

- *raconter une anecdote politique*

- *rencontrer le président russe*

▶ *Voudriez-vous parler de votre programme d'action sociale?*

1. _____

2. _____

3. _____

4. _____

5. _____

6. _____

7. _____

8. _____

C 4. Pour les jeunes La mairie de votre ville vient de créer une association pour les jeunes. Vous allez voir le maire car vous aimeriez y travailler. Pour savoir si vous êtes qualifié(e), le maire vous demande comment vous réagiriez dans différentes situations. Donnez des réponses personnelles en faisant attention au temps des verbes. Soyez logique!

▶ Les personnes âgées se plaignent du bruit que font les jeunes au centre sportif. Que dites-vous?

Je dis que les jeunes feront attention maintenant.

▶ Les personnes âgées se sont plaintes du bruit qu'ont fait les jeunes au centre sportif. Qu'avez-vous dit?

J'ai dit que je demanderais aux jeunes d'être moins bruyants.

1. Le club de photographie a besoin de matériel. Que promettez-vous?

   _____

2. Les lycéens ont voulu organiser un voyage, mais ils n'avaient pas assez d'argent. Qu'avez-vous déclaré?

   _____

3. Les agents de police ont demandé des volontaires pour donner des conseils de sécurité. Qu'avez-vous annoncé?

   _____

4. Un journaliste vous demande de décrire un de vos projets. Qu'écrivez-vous?

   _____

5. Les commerçants *(shopkeepers)* de la ville aimeraient que les jeunes fassent leurs achats chez eux. Que déclarez-vous?

   _____

6. Les jeunes voudraient avoir un centre sportif. Que prédisez-vous?

   _____

7. Des branches des arbres du jardin public ont été cassées. Qu'avez-vous affirmé?

   _____

8. Plusieurs lycéens ont demandé au maire de fonder un club de football. Qu'avez-vous dit?

   _____

9. Les agents de police disent qu'en général les jeunes conduisent trop vite. Que promettez-vous?

   _____

10. Les jeunes ont proposé d'améliorer *(improve)* la ville. Qu'avez-vous déclaré?

    _____

PARTIE 3

WRITING ACTIVITIES

A 1. Une visite à Paris Vous avez visité Paris avec un groupe d'amis. Dites ce qui s'est passé en utilisant les suggestions des deux colonnes. Soyez logique!

avoir le temps   **être en forme**   **ne pas acheter de billet**   **ne pas aller aux Champs-Élysées**   **ne pas avoir mal aux pieds**   **ne pas demander les directions**   **ne pas être malade**   **ne pas visiter le Louvre**   **prendre des chèques de voyage**   **regarder le plan** *(map)*   **vouloir voir un immeuble moderne**

aller à la tour de la Défense   **descendre à la bonne station de métro**   **faire une promenade en bateau sur la Seine**   **le regretter**   **monter en haut de la tour Eiffel à pied**   **ne pas entrer au palais de la Découverte**   **ne pas perdre tout son argent**   **ne pas voir l'arc de triomphe**   **se perdre**   **se promener au jardin des Tuileries**   **visiter le palais de Versailles**

▶ Si Solange et moi, nous *n'avions pas demandé les directions, nous nous serions perdu(e)s*.

1. Si Solange _____
_____.

2. Si Margot et René _____
_____.

3. Si tu _____
_____.

4. Si René et toi, vous _____
_____.

5. Si moi, je (j') _____
_____.

6. Si nous _____
_____.

7. Si Margot _____
_____.

8. Si tu _____
_____.

9. Si toi et moi, nous _____
_____.

10. Si Solange et Margot _____
_____.

B 2. Au journal Vous désirez travailler au journal local. Vous écrivez une lettre à la directrice pour la persuader de vous employer. Complétez les phrases en mettant les verbes suggérés aux temps appropriés.

Madame Lapresse,

Si vous me donniez du travail, je _____ très heureux (heureuse). En effet, je veux
(1) être

devenir journaliste. Malheureusement, je n'ai pas beaucoup d'expérience. Si j'en _____ la
(2) avoir

possibilité, j'aurais travaillé pour votre journal plus tôt. Si j'y _____, j'aurais donné de
(3) travailler

nombreuses idées d'articles sur les jeunes. Si vous acceptez ma candidature, vous ne le _____
(4) regretter

pas. Si j'_____ un poste au journal, je ferai de mon mieux. Par exemple, si vous aviez besoin de
(5) obtenir

documents, j'_____ à la bibliothèque le soir. Ou si vous _____ connaître
(6) aller   (7) souhaiter

l'opinion des jeunes sur un problème précis, je les interrogerais. Si vous _____ en voyage,
(8) partir

j'aurais répondu au téléphone pour vous et j'_____ vos messages. Vous voyez que je serais très
(9) prendre

très utile. En fait, si vous n'aviez pas écrit cet éditorial sur les jeunes et le travail, je _____
(10) ne pas penser

à vous écrire cette lettre. Si vous cherchiez un assistant, je _____ la personne idéale
(11) être

pour le poste. Je promets que si vous _____, je serai toujours à l'heure. Si je travaillais
(12) accepter

pour vous, je _____ un de mes rêves (dreams) et je _____
(13) réaliser   (14) pouvoir

devenir journaliste plus tard.

                                        Je vous présente mes plus sincères salutations.

                                        _____
                                                    (votre nom)

P.S.: Si vous le souhaitiez, vous _____ me contacter au 01.30.55.05.05.
(15) pouvoir

Communication

L'agence immobilière (real estate) Cet été, vous travaillez dans une agence immobilière. Aidez-vous des annonces de votre agence pour répondre aux questions de vos clients. Soyez logique!

APPARTEMENTS À VENDRE	APPARTEMENTS À LOUER	COMMERCES ET BUREAUX À LOUER
SAINT-MANDÉ En face de la mairie et du bois 3 pièces. Immeuble de pierre, rénové. Ascenseur, Interphone, salle de bains marbre. 242,394€	**FONTENAY AUX ROSES** Studios. 500€ / mois	**AUBERVILLIERS** Bureaux près de la mairie Parfait état. 900€ / mois
GONESSE Près des écoles, du métro et du centre commercial. 5 pièces – 3 chambres. 80,000€	**MAIRIE PUTEAUX** 2 pièces, cuisine, salle de bains. Tout confort. Immeuble ancien. 600€ / mois	**ÎLE SAINT-DENIS** Bel ensemble de bureaux. 10e étage. Tour avec vue sur la Seine. À partir de 250€ / mois
BOULOGNE Rue de Paris. Immeuble neuf. Jamais habité. 3 pièces + parking. 267,000€	**EAUBONNE** 4 pièces. Balcon avec vue sur parc. 675€ / mois	**VITRY** Supérette avec boulangerie, boucherie et légumes. Excellente location. Prix à discuter.

▶ M. CÉSAR: J'aimerais acheter un appartement neuf.

VOUS: *Si vous vouliez un appartement neuf, vous pourriez en avoir un à Boulogne.*

1. M. CÉSAR: Et si je préférais louer un appartement, lequel me recommanderiez-vous?

   VOUS: _____

2. M. CÉSAR: Merci, je vais réfléchir *(to think)*. Quand devrais-je vous appeler?

   VOUS: _____

****

3. M. LEGRAND: Bonjour. J'ai trois enfants. Je ne peux pas acheter d'appartement maintenant, mais auriez-vous eu quelque chose si j'en avais cherché un?

   VOUS: _____

4. M. LEGRAND: Oui, je vois. Et si j'avais voulu un commerce?

   VOUS: _____

5. M. LEGRAND: Oh non! J'ai horreur de ce genre de magasin. Si je voulais acheter une boutique de vêtements, que devrais-je faire?

   VOUS: _____

   M. LEGRAND: Bien, je vous remercie. Au revoir.

****

6. MLLE DELATOUR: Bonjour, moi, j'aimerais acheter ou peut-être louer un appartement. Mais il doit avoir une belle vue. Que dites-vous?

   VOUS: _____

7. MLLE DELATOUR: Et si je ne voulais pas payer trop cher?

   VOUS: _____

8. MLLE DELATOUR: Pourrais-je visiter un appartement?

   VOUS: _____

   MLLE DELATOUR: Et bien d'accord. Je vous rappellerai. À bientôt.

Unité 9. Les relations personnelles

PARTIE 1

WRITING ACTIVITIES

A 1. Les uns et les autres Vous discutez des relations personnelles avec votre ami. Il vous demande ce qu'ont fait certaines de vos connaissances en fonction des situations. Écrivez ses questions et dites si oui ou non les personnes ont fait ce qu'il demande. (Attention: vous pouvez utiliser certains verbes deux fois.) Soyez logique!

▶ Roman a trouvé le numéro de téléphone de Sophie.

s'aider	s'entendre bien/mal	se réconcilier
s'aimer	se fâcher	se rencontrer
se disputer	se parler	se revoir
se donner rendez-vous	se quereller	se téléphoner

VOTRE AMI: *Se sont-ils rencontrés?*

VOUS: *Non, ils se sont téléphoné.*

1. Julie a éprouvé de l'amitié pour Daniel.

VOTRE AMI: _____

VOUS: _____

2. Nathalie a rencontré Patrick en vacances.

VOTRE AMI: _____

VOUS: _____

3. Mon cousin et toi, vous n'avez pas passé beaucoup de temps ensemble.

VOTRE AMI: _____

VOUS: _____

4. Marie a eu une dispute avec Denise.

VOTRE AMI: _____

VOUS: _____

5. Fabrice et toi, vous avez eu beaucoup de travail à faire.

VOTRE AMI: _____

VOUS: _____

6. Jean-François et son copain sont partis en vacances ensemble.

VOTRE AMI: _____

VOUS: _____

7. Carine a eu de mauvaises relations avec sa camarade de classe.

VOTRE AMI: _____

VOUS: _____

8. Alexis a éprouvé beaucoup d'animosité envers *(towards)* toi.

VOTRE AMI: _____

VOUS: _____

B 2. L'aide sociale L'été passé, vous avez travaillé dans une association qui aide les sans-abri *(homeless)*. Dites à votre ami ce qui s'est passé en combinant les deux phrases à l'aide des pronoms relatifs **qui** et **que**.

▶ Le président a répondu à la lettre. J'avais écrit cette lettre.

Le président a répondu à la lettre que j'avais écrite.

▶ J'ai rencontré le sénateur. Il va financer l'association.

J'ai rencontré le sénateur qui va financer l'association.

1. J'éprouve de l'affection pour ces personnes. Elles ont besoin de courage.

_____

2. L'amitié et le respect sont des sentiments. Ils sont très importants.

_____

3. C'est un père de famille. J'ai aidé ce père de famille à trouver du travail.

_____

4. Je plains toutes les personnes. Elles dorment dans la rue.

_____

5. Les enfants ont mangé tous les gâteaux. Tu avais fait ces gâteaux.

_____

6. Nous avons rénové les deux maisons. Le maire a offert ces deux maisons.

_____

7. Ce sont des photographies. Ils ont pris ces photographies eux-mêmes.

_____

8. J'ai contacté plusieurs restaurants. Ils ont promis de donner de la nourriture.

_____

9. J'ai rencontré des familles. Elles n'ont pas eu de chance.

_____

10. L'association a distribué les vêtements. Notre classe avait collecté ces vêtements.

_____

B 3. Le concert Vous avez aidé votre Cercle Français à organiser un concert de charité. Vous avez promis de donner quelques explications à l'audience avant le début du concert. Complétez votre discours *(speech)* avec les pronoms relatifs **qui** ou **que**.

```
Chers amis,
Les chansons (1)_____ vous allez entendre ce soir ont été écrites
par les étudiants de français. Ce sont eux (2)_____ en ont aussi
composé la musique. Tous les bénéfices de ce concert iront aux personnes
(3)_____ en ont le plus besoin. L'argent (4)_____ vous donnerez
et (5)_____ nous collecterons à la fin du concert sera ensuite donné
au maire. C'est cet argent (6)_____ sera utilisé pour acheter la
nourriture (7)_____ la mairie distribuera à tous ceux (8)_____
ont faim. À la fin du concert, vous pourrez également acheter les tee-
shirts (9)_____ les étudiants ont spécialement créés pour ce soir.
Et maintenant, je voudrais que vous applaudissiez tous ces étudiants
(10)_____ le méritent bien!
```

C 4. Chez vous Vous recevez votre nouvel ami français chez vous pour la première fois. Il vous pose des questions sur ce qu'il voit. Répondez-lui en utilisant les prépositions suggérées avec un pronom relatif et une expression de votre choix. Soyez logique!

▶ Est-ce la photo de ton copain?   (avec) *C'est le copain avec qui je vais au ciné le samedi.*

1. Est-ce la photo de ta correspondante?

   (à) _____

2. Est-ce ton ordinateur?

   (avec) _____

3. Est-ce que ce sont tes boîtes?

   (dans) _____

4. Est-ce la photo de ton amie?

   (en) _____

5. Est-ce ta table?

   (sur) _____

6. Est-ce la photo de ton athlète favori?

   (pour) _____

7. Est-ce la photo de ta copine?

   (sur) _____

8. Est-ce la photo de ton équipe?

   (pour) _____

9. Est-ce une photo de ton camarade?

   (avec) _____

10. Est-ce que ce sont des tickets pour les concerts?

    (à) _____

D 5. Vos connaissances Dites ce que font vos connaissances en complétant les phrases avec les mots suggérés et le pronom relatif **dont.**

▶ Boris ne connaît pas ce professeur. (tu / parler)

   Il ne connaît pas le professeur dont tu parles.

1. Mario s'entend bien avec cet enfant. (Sophie / s'occuper)

   _____

2. Nous voyons souvent cette fille. (François / être amoureux)

   _____

3. Tu ne me prêtes pas ces livres. (tu / se servir)

   _____

4. Tes parents n'ont pas ces problèmes de santé. (mes parents / se plaindre)

   _____

5. Léonie et toi, vous ne lisez jamais ces articles. (Alain et moi, nous / discuter)

   _____

6. J'emprunte cet argent. (je / avoir besoin)

   _____

D 6. La fête Vous allez organiser une fête pour célébrer la fin de l'année scolaire. Vous devez penser à tous les détails. Répondez aux questions de votre amie en utilisant un verbe approprié et le pronom **dont.** Soyez logique!

avoir besoin	être amoureux	se servir
avoir envie	parler	se souvenir
discuter	se plaindre	s'occuper

▶ Pourquoi prépares-tu ce dessert? (Pascale)

   Parce que c'est le dessert dont Pascale a envie.

1. Pourquoi invites-tu ce garçon? (Marie)

   _____

2. Pourquoi ces enfants sont-ils là? (je)

   _____

3. Pourquoi prends-tu ces CD? (nous)

   _____

4. Pourquoi écris-tu ce nom? (je)

   _____

5. Pourquoi nous donnes-tu ces cassettes? (vous)

   _____

6. Pourquoi parles-tu de ces problèmes? (Denise)

   _____

7. Pourquoi lis-tu ce livre de cuisine? (je)

   _____

8. Pourquoi sors-tu ce jeu? (Johanne et Cathie)

   _____

PARTIE 2

WRITING ACTIVITIES

A **1. C'est la vie!** Quelle est votre opinion personnelle? Que représentent ces sujets pour vous? Dites-le en trois phrases et utilisez le plus de pronoms relatifs possibles.

▶ quelqu'un de spécial

C'est une personne sur qui je peux compter. C'est la personne dont je suis amoureux (amoureuse) et avec qui je veux me marier plus tard.

1. les études universitaires

_____

_____

2. les amis

_____

_____

3. un bon métier

_____

_____

4. l'enfance

_____

_____

5. l'ordinateur

_____

_____

6. la vieillesse

_____

_____

7. vos parents

_____

_____

8. la mort *(death)*

_____

_____

9. la pollution

_____

_____

10. l'adolescence

_____

_____

B 2. Ce que vous faites Dites ce que vous faites quand vous êtes confronté(e) à certaines situations. Répondez à chaque question en employant les deux pronoms relatifs suggérés précédés par **ce.**

▶ Vous aidez un copain à comprendre les maths. Que lui expliquez-vous? (qui / que)

 Je lui explique ce qui est difficile et ce qu'il ne comprend pas.

1. Vous avez de l'argent et vous allez au centre commercial. Qu'achetez-vous? (dont / qui)

 _____

2. Vous allez à Tahiti. Quels vêtements prenez-vous? (que / qui)

 _____

3. C'est bientôt votre anniversaire. Quels cadeaux demandez-vous? (dont / que)

 _____

4. Vous avez la télévision. Que regardez-vous? (qui / que)

 _____

5. Vous avez été témoin d'un accident en ville. Que racontez-vous à l'agent de police? (dont / qui)

 _____

6. Votre amie a obtenu une promotion. Que voulez-vous savoir? (que / dont)

 _____

7. Vous allez au marché aux puces *(flea market).* Que cherchez-vous? (que / qui)

 _____

8. Vous travaillez dans une association pour aider les personnes à la retraite. Que leur donnez-vous? (dont / que)

 _____

Communication

A. Le comité des lecteurs *La vie québécoise*, un magazine canadien, demande à ses lecteurs de donner leur opinion sur les problèmes actuels. Pourquoi ne pas y participer vous aussi? Remplissez la carte ci-dessous. (Attention: utilisez des pronoms relatifs dans vos phrases.)

ATTENTION LECTEURS!
PARTICIPEZ À NOTRE COMITÉ DES LECTEURS.

Êtes-vous une personne que les problèmes sociaux, les questions d'éducation, de santé ou de consommation intéressent? Voulez-vous exprimer ce que vous pensez?

Les lecteurs de *La vie québécoise* ont beaucoup à dire. Ils se parlent, se téléphonent, se fâchent un peu parfois, mais sont toujours d'accord sur une chose: il faut parler des problèmes.

Faites comme eux! Dites-nous ce qui vous intéresse!

- -

Nom: _____

Adresse: _____

Ville ou village: _____

Province: _____

Code postal: _____

Téléphone: _____

• •

Quelle est votre situation de famille?

❑ marié(e)   ❑ célibataire   ❑ divorcé(e)   ❑ séparé(e)

Études: _____

Profession: _____

• •

Quel problème vous intéresse le plus et pourquoi? _____

_____

_____

Dites ce qui vous amuse, ce dont vous rêvez (dream) et ce que vous souhaitez pour le futur: _____

_____

_____

_____

_____

B. Biographie Écrivez votre biographie! Pour chaque âge, dites ou imaginez où vous êtes, ce que vous faites et donnez le plus de détails possibles. (Attention: utilisez des pronoms relatifs et les expressions **ce qui, ce que** et **ce dont** si possible.)

Tell:

- where and when you were born, what you did during your childhood, what you liked/disliked, and why.
- what you did as a college student, who your favorite athlete was and why, if you got along well with your friends, who your best friend was and what you did with him/her, which problem you talked the most about.
- which profession you have chosen and why, what type of people your friends are, what you do with them, if you and your parents see each other a lot and why.

MON ENFANCE:

MES ANNÉES UNIVERSITAIRES:

L'ÂGE ADULTE:

Unité 10. Vers la vie active

PARTIE 1

WRITING ACTIVITIES

A 1. Les études Les étudiants pensent à leurs professions futures. Dites à vos amis ce qu'ils devront étudier pour faire le métier dont ils rêvent. Soyez logique!

▶ *Tu devras étudier la biologie pour devenir dentiste.*

1. Chantal et Claire _____

2. Emmanuel _____

3. Bruno et toi, vous _____

4. Moi, je _____

5. Alexandra _____

6. Tu _____

7. Alice et toi, vous _____

8. Nous _____

A 2. Les conseils Vos amis ont besoin de conseils pour choisir leur carrière. Aidez-les en répondant à leurs questions. Utilisez les prépositions suggérées. Soyez logique!

▶ JOSÉPHINE: J'aimerais être médecin, mais je ne veux pas aller à l'université. (sans)

   VOUS: *Tu ne peux pas devenir médecin sans faire d'études universitaires.*

1. SANDRA: Qu'est-ce que je dois faire si je veux être diplomate? (pour)

   VOUS: _____

   _____

2. ANTOINE: Je n'ai jamais utilisé d'ordinateur. Comment puis-je devenir spécialiste de données? (avant de)

   VOUS: _____

   _____

3. BÉATRICE: Moi, je veux être patronne tout de suite. (avant de)

   VOUS: _____

   _____

4. PASCAL: Je veux gagner ma vie, mais je n'aime pas le travail. (sans)

   VOUS: _____

   _____

5. JEAN-MICHEL: Je voudrais être journaliste. Qu'est-ce que je dois faire? (pour)

   VOUS: _____

   _____

6. YVETTE: J'aime les affaires. Quelles études dois-je choisir? (pour)

   VOUS: _____

   _____

7. VINCENT: J'aimerais être juge, mais je n'ai pas envie d'apprendre le droit. (sans)

   VOUS: _____

   _____

8. RITA: Qu'est-ce que je vais faire si je n'ai pas de diplôme? (sans)

   VOUS: _____

   _____

9. ÉRIC: Est-ce que je dois chercher un emploi maintenant? (avant de)

   VOUS: _____

   _____

10. NICOLE: Je suis intéressée par la fonction publique. Peux-tu me donner un exemple d'emploi et d'études? (pour)

    VOUS: _____

    _____

Nom _____ Date _____

B 3. Les stages (Internships) Après avoir lu ce que vos amis et vous faisiez pendant vos stages, dites ce que chacun éprouve maintenant en utilisant l'infinitif passé.

▶ Tu apprenais le marketing. Tu es fier.

   Tu es fier d'avoir appris le marketing.

1. Maurice faisait du droit. Il est heureux.

   _____

2. Lysiane parlait une langue étrangère. Elle est ravie.

   _____

3. Valérie et Jacqueline allaient chez un agent de change. Elles sont contentes.

   _____

4. Simone partait dans un bureau en banlieue. Elle est désolée.

   _____

5. Didier et moi, nous vexions la patronne. Nous sommes furieux.

   _____

6. Tristan et Laurent venaient au laboratoire du chercheur régulièrement. Ils sont enchantés.

   _____

7. Tu restais seule dans une petite pièce sans fenêtre. Tu es triste.

   _____

8. Marthe et toi, vous parliez avec le chef du personnel. Vous êtes satisfaites.

   _____

9. Éva et moi, nous avions des cours de gestion. Nous sommes frustré(e)s.

   _____

10. Malika arrivait à l'heure tous les jours. Elle est surprise.

   _____

TELELANGUE

- Stages à l'étranger
- Stages spéciaux jeunes
- Cours par téléphone
- Cours collectifs

- Enseignement assisté par ordinateurs
- Cours spécialisés en entreprise
- Vidéo laser disque
- Intégration vocale

14 langues enseignées • 20 centres en France

B **4. Avant et après** Dites après quoi vous faites les activités mentionnées. Répondez en utilisant la forme **après** + infinitif. Soyez logique!

▶ Quand regardez-vous la télé?

Je regarde la télé après avoir fini mes devoirs.

1. Quand êtes-vous fatigué(e)?

_____

2. Quand rentrez-vous à la maison?

_____

3. Quand allez-vous vous coucher?

_____

4. Quand achetez-vous quelque chose?

_____

5. Quand vous excusez-vous?

_____

6. Quand vous sentez-vous malade?

_____

7. Quand êtes-vous anxieux (anxieuse)?

_____

8. Quand êtes-vous félicité(e)?

_____

9. Quand gagnez-vous de l'argent?

_____

10. Quand vous réconciliez-vous avec votre ami(e)?

_____

Nom _____ Date _____

C 5. Les explications Votre petite soeur va entrer à l'université l'année prochaine et elle se pose des questions sur l'avenir. Répondez à ses questions en mettant les verbes suggérés au participe présent et en ajoutant des expressions de votre choix. Soyez logique!

▶ Comment obtient-on un diplôme à l'université? (préparer / réussir à)

On obtient un diplôme en préparant ses cours et en réussissant à ses examens.

1. Comment apprend-on une langue étrangère? (parler / écouter)

_____

_____

2. Comment étudie-t-on la littérature? (lire / connaître)

_____

_____

3. Comment se spécialise-t-on? (aller / continuer)

_____

_____

4. Comment fait-on bonne impression à l'université? (être / savoir)

_____

_____

5. Comment devient-on spécialiste de marketing? (faire / travailler)

_____

_____

6. Comment se perfectionne-t-on en maths? (prendre / étudier)

_____

_____

7. Comment réussit-on à l'université? (avoir / assister à)

_____

_____

8. Comment obtient-on une promotion au travail? (finir / offrir)

_____

_____

Nom _____ Date _____

C 6. Deux choses à la fois Certaines personnes sont capables de faire deux choses à la fois. Donnez des exemples en formant des phrases à l'aide des suggestions des deux colonnes. Soyez logique!

apprendre sa leçon **discuter** **écouter la radio** **faire ses devoirs** **lire le journal** **lire le rapport** **monter dans le bus** **s'amuser** **se blesser** **se regarder dans le miroir** **travailler**	**conduire** **couper les légumes** **être malade** **manger** **regarder la télévision** **s'amuser** **se disputer** **se promener** **s'habiller** **téléphoner au comptable** **voir le film**

▶ Josée *fait ses devoirs en regardant la télévision.*

1. Ali _____
   _____

2. Ben et moi, nous _____
   _____

3. Tu _____
   _____

4. Anne-Marie _____
   _____

5. Arthur et moi, nous _____
   _____

6. Je _____
   _____

7. Le directeur _____
   _____

8. Florence et Agnès _____
   _____

9. Vous _____
   _____

10. Grégory et Luc _____
    _____

PARTIE 2

WRITING ACTIVITIES

A 1. Le chef du personnel Votre oncle est le chef du personnel d'une firme importante.
Dites à vos amis sous quelles conditions il fera ou non les choses suivantes. Dans vos réponses,
utilisez les conjonctions **à moins que** ou **à condition que.** Soyez logique!

▶ Il vous téléphonera. (lui donner votre numéro)

Il vous téléphonera à condition que vous lui donniez votre numéro.

1. Il m'engagera. (faire un stage avant)

_____

_____

2. Il refusera de vous employer. (avoir des références)

_____

_____

3. Il interviewera Marion. (être en retard)

_____

_____

4. Il t'offrira un emploi à temps complet. (faire l'affaire)

_____

_____

5. Il ne nous parlera pas. (solliciter un entretien)

_____

_____

6. Il considèrera la candidature de Marie. (avoir besoin d'un emploi temporaire)

_____

_____

7. Il répondra à ta lettre. (mettre ton adresse)

_____

_____

8. Il ne prendra pas rendez-vous avec elles. (parler français)

_____

_____

Nom _____ Date _____

A 2. Limites et conditions Dites pourquoi ou sous quelles conditions les personnes mentionnées font (ont fait) les choses suivantes. Utilisez les suggestions et une expression de votre choix. Soyez logique!

▶ Je te prête ma voiture. (pour / aller)

Je te prête ma voiture pour que tu ailles à un entretien.

1. Ton frère a jeté ton journal. (avant / lire)

_____

2. Ton père vous apprend l'informatique. (pour / savoir)

_____

3. Stéphanie te conduit. (jusqu'à / avoir)

_____

4. Yvon a envoyé le curriculum vitae de Patricia. (sans / mettre)

_____

5. J'ai lu ta lettre de recommandation. (sans / donner)

_____

6. Nous te dirons au revoir. (avant / partir)

_____

7. L'infirmière va rester avec Marianne. (jusqu'à / être)

_____

8. Ta mère t'a acheté un costume. (pour / faire)

_____

9. Je donne ces livres à Margot. (avant / acheter)

_____

10. L'agence peut vous offrir un job d'été. (sans / aller)

_____

Communication

A. Les offres d'emploi Lisez ces petites annonces écrites pour les étudiants français. Choisissez celle qui vous intéresse le plus et écrivez une lettre pour solliciter un entretien. Expliquez vos qualifications, comment vous les avez obtenues, votre expérience, vos goûts et pourquoi vous voulez ce job.

JOBS • JOBS • JOBS • JOBS • JOBS • JOBS • JOBS • JOBS • JOBS

Des cours dans les prisons

Le Genepi propose à des étudiants de donner des cours d'informatique dans les prisons. En fonction de vos disponibilités, vous serez le professeur de jeunes délinquants. Une expérience d'une richesse humaine irremplaçable.
Contactez M. Henri au 01.45.55.77.55

Élémentaire, mon cher Holmes

Téléperformances Nord cherche des étudiants de plus de 20 ans avec un niveau bac + 2 pour réaliser des enquêtes par téléphone. 35 heures par semaine. 9€ de l'heure.
Contactez: Téléperformance Nord, 03.20.21.55.55

25 vendeurs, futurs managers

Direct Marketing, une nouvelle firme européenne, recherche 25 futurs managers déterminés et ambitieux pour vendre du matériel électronique de poche. Responsabilités et promotions rapides. Vous serez payé à la commission (12%).
Téléphonez au: 03.20.99.99.55.

Chaud chaud! Voilà les pizzas!

Passionné de moto, ce job est pour vous! Spizzazz recherche des étudiants pour livrer ses pizzas en moins de 30 minutes, en particulier le samedi et le dimanche. Un permis moto et une bonne connaissance de la ville sont nécessaires.
Passez au magasin, 8, rue Léon Blum, 59000 Lille
Des contrats de travail à temps partiel (15 à 20 heures) sont proposés.
Salaire: 8,03€/heure.

Conquête de l'espace

L'Institut de médecine et de physiologie spatiale de Toulouse cherche 8 volontaires pour une expérience de 6 semaines pour mesurer les effets des séjours dans les futures stations spatiales. Principe du test: rester couché tout le temps, sans que vous soyez autorisé à vous lever ou à vous asseoir! Il faut être non-fumeur et en bonne santé. Les volontaires seront payés à la journée.
Pour entretien, contactez M. Dumas au 05.61.25.65.07.

Monsieur/Madame,

_____

_____

_____

_____

_____

_____

_____

_____

_____

_____

B. Le job idéal Si vous pouviez faire n'importe quel métier, que feriez-vous? Décrivez (ou inventez) le métier idéal pour vous.

- Tell what it is.
- Tell why you want to do it.
- Give two examples of what you would accomplish while doing this job.
- Tell what you must do before doing this job.
- Tell under which condition you will get this job: give three examples of what you must learn.

À votre tour!

Listening/Speaking Activities

Nom _____ Date _____

Unité 1. Au jour le jour

PARTIE 1

LISTENING/SPEAKING ACTIVITIES

Le français pratique: La description physique

1. Compréhension orale Vous allez entendre une conversation entre deux jeunes Françaises. Ensuite, vous allez écouter une série de phrases concernant cette conversation. D'abord, écoutez la conversation.

. . .

Écoutez de nouveau la conversation.

. . .

Maintenant, écoutez bien chaque phrase et marquez dans votre cahier si elle est vraie ou fausse. Vous allez entendre chaque phrase deux fois.

	vrai	faux		vrai	faux
1.	❑	❑	6.	❑	❑
2.	❑	❑	7.	❑	❑
3.	❑	❑	8.	❑	❑
4.	❑	❑	9.	❑	❑
5.	❑	❑	10.	❑	❑

2. Réponses logiques Vous allez entendre une série de questions. Pour chaque question, la réponse est incomplète. Dans votre cahier, marquez d'un cercle le mot ou l'expression qui complète la réponse le plus logiquement. D'abord, écoutez le modèle.

▶ Michel a les yeux bleus?
   Non, il a les yeux . . .

	a. ronds	b. fermés	c. marron
1.	a. de taille moyenne	b. professeur	c. faible
2.	a. les cheveux châtain	b. les cheveux courts	c. les cheveux frisés
3.	a. les cheveux en brosse	b. des taches de rousseur	c. une queue de cheval
4.	a. athlétique	b. chauve	c. costaud
5.	a. rouges	b. verts	c. beaux
6.	a. des verres de contact	b. une queue de cheval	c. des jeans
7.	a. le visage ovale	b. les cheveux noirs	c. un beau visage
8.	a. grande	b. mince	c. blonde
9.	a. une moustache	b. une cicatrice	c. des lunettes
10.	a. gris	b. en brosse	c. bleus

3. Questions Vous allez entendre une série de questions concernant la famille de Marie Bourdon. Regardez les dessins dans votre cahier et répondez aux questions. D'abord, écoutez le modèle.

▶ De quelle couleur sont les cheveux de Marie?
Ils sont noirs.

Langue et communication

Pratique orale Vous allez entendre une série de questions concernant Catherine, une jeune Française qui va venir dans votre classe. Répondez aux questions en utilisant les informations dans votre cahier. D'abord, écoutez le modèle.

▶ Quand est-ce que Catherine va arriver?
Elle va arriver le 3 octobre.

SÉJOUR LINGUISTIQUE
INFORMATIONS PERSONNELLES

IDENTITÉ

Nom: *Catherine Dupré*

Née le: *8 octobre 1986*

Yeux: *noirs*

Cheveux: *bruns, longs*

PRÉFÉRENCES

Couleur préférée: *vert*

Matière scolaire favorite: *anglais*

Sport favori: *tennis*

Activités sociales: *sortir avec des amis le samedi soir*

SÉJOURS DÉSIRÉS

Premier choix: *la Californie, États-Unis*

Deuxième choix: *le Japon*

DATE D'ARRIVÉE

le 3 octobre

Le français pratique: La toilette et les soins personnels

1. Compréhension orale Vous allez entendre une conversation. Ensuite, vous allez écouter une série de phrases concernant cette conversation. D'abord, écoutez la conversation.

. . .

Écoutez de nouveau la conversation.

. . .

Maintenant, écoutez bien chaque phrase et marquez dans votre cahier si elle est vraie ou fausse. Vous allez entendre chaque phrase deux fois.

	vrai	faux			vrai	faux
1.	❏	❏	6.		❏	❏
2.	❏	❏	7.		❏	❏
3.	❏	❏	8.		❏	❏
4.	❏	❏	9.		❏	❏
5.	❏	❏	10.		❏	❏

2. Échanges Vous allez entendre une série d'échanges. Chaque échange consiste en une question et une réponse. Écoutez bien chaque échange, puis complétez la réponse dans votre cahier. Vous allez entendre chaque réponse deux fois. D'abord, écoutez le modèle.

▶ Tu ne te brosses pas les dents, ce matin?

Je ne trouve pas *le dentifrice* .

1. J'ai perdu _____.

2. Oui, j'ai besoin _____.

3. Je mets _____.

4. Oui, _____.

5. Parce qu'elle veut _____.

6. Elle met juste _____.

7. Parce que je ne trouve pas _____.

8. _____.

9. Oui, passe-moi _____.

10. Non, elle met de _____.

3. Situation Vous allez participer à une conversation en répondant à certaines questions. D'abord, écoutez la conversation incomplète jusqu'à la fin. Ne répondez pas aux questions. Écoutez.

. . .

Écoutez de nouveau la conversation. Cette fois, jouez le rôle de Monsieur Guibert et répondez aux questions de Mademoiselle Biron. Pour répondre aux questions, regardez le dessin dans votre cahier. Répondez après le signal sonore.

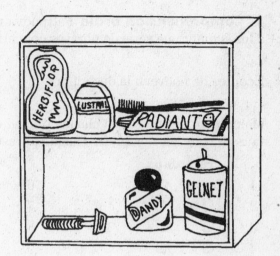

Langue et communication

Pratique orale 1 Vous allez entendre une série de questions posées par une personne vraiment curieuse. Répondez aux questions en utilisant les expressions dans votre cahier. Faites attention au temps des verbes et soyez logique! D'abord, écoutez les modèles.

▶ Qu'est-ce que tu fais avec cette brosse?
Je me brosse les cheveux!

▶ Qu'est-ce que tu vas faire avec cette brosse?
Je vais me brosser les cheveux!

EXPRESSIONS:		
se brosser les cheveux	**se laver les cheveux**	**se regarder**
se brosser les dents	**se laver les mains**	**se sécher les cheveux**
se couper les ongles	**se maquiller**	**s'essuyer les mains**
se laver la figure	**se raser**	

Pratique orale 2 Certaines personnes vont vous expliquer leur problème. Écoutez bien et dites-leur ce qu'elles doivent faire ou ne pas faire. Utilisez les expressions de votre cahier à l'impératif. D'abord, écoutez le modèle.

▶ se coucher
Il y a un bon film à la télé, mais je suis très fatiguée.
Alors, couche-toi maintenant! OU Alors, ne te couche pas maintenant!

1. se laver les mains
2. se couper les ongles
3. se lever plus tôt
4. se faire une omelette
5. se laver les cheveux

6. se reposer un peu
7. se coucher
8. s'habiller bien
9. se raser maintenant
10. se maquiller les yeux

PARTIE 2

LISTENING/SPEAKING ACTIVITIES

Le français pratique: La routine quotidienne

1. Compréhension orale Patrick va vous parler de ses voisins. Écoutez bien. Ensuite, vous allez écouter une série de phrases concernant cette description. D'abord, écoutez la description.

. . .

Écoutez de nouveau la description.

. . .

Maintenant, écoutez bien chaque phrase et marquez dans votre cahier si elle est vraie ou fausse. Vous allez entendre chaque phrase deux fois.

	vrai	faux			vrai	faux
1.	☐	☐		6.	☐	☐
2.	☐	☐		7.	☐	☐
3.	☐	☐		8.	☐	☐
4.	☐	☐		9.	☐	☐
5.	☐	☐		10.	☐	☐

2. Minidialogues **Minidialogue 1** Vous allez entendre deux dialogues. Après chaque dialogue, vous allez écouter une série de questions. Chaque dialogue et chaque question vont être répétés. D'abord, écoutez le premier dialogue.

. . .

Écoutez de nouveau le dialogue.

. . .

Maintenant, écoutez bien chaque question et marquez d'un cercle dans votre cahier la réponse que vous trouvez la plus logique.

1. a. Parce qu'elle doit faire ses devoirs.
   b. Parce qu'elle doit se préparer pour sortir avec Daniel.
   c. Parce qu'elle doit aller en classe.

2. a. Pour prendre un café.
   b. Pour acheter des disques.
   c. Pour s'acheter une robe.

3. a. Se dépêcher.
   b. S'habiller.
   c. Être en retard.

4. a. À minuit.
   b. À sept heures et demie.
   c. Maintenant.

Minidialogue 2 Maintenant, écoutez le second dialogue.

. . .

Écoutez de nouveau le dialogue.

. . .

Maintenant, écoutez bien chaque question et marquez d'un cercle dans votre cahier la réponse que vous trouvez la plus logique.

1. a. Elle se promène.
   b. Elle se repose.
   c. Elle travaille.

2. a. Vers midi.
   b. Vers sept heures.
   c. Vers minuit.

3. a. À l'école.
   b. Au cinéma.
   c. Dans un café.

4. a. Elles ne sont pas très amusantes.
   b. Elles ne sont pas très reposantes.
   c. Elles ne sont pas très longues.

Langue et communication

Pratique orale Vous allez entendre une série de questions concernant la journée de Marc. Regardez les dessins dans votre cahier et répondez aux questions en utilisant des verbes réfléchis au passé composé. D'abord, écoutez le modèle.

▶ À quelle heure est-ce que Marc s'est réveillé ce matin?
Il s'est réveillé à sept heures.

Le français pratique: La condition physique et les sentiments

1. Compréhension orale Vous allez entendre ce que Julien écrit à son amie Hélène. Ensuite, vous allez écouter une série de phrases concernant cette lettre. D'abord, écoutez bien le texte de la lettre.

. . .

Écoutez de nouveau le texte de la lettre.

. . .

Maintenant, écoutez bien chaque phrase et marquez dans votre cahier si elle est vraie ou fausse. Vous allez entendre chaque phrase deux fois.

	vrai	faux			vrai	faux
1.	❑	❑		6.	❑	❑
2.	❑	❑		7.	❑	❑
3.	❑	❑		8.	❑	❑
4.	❑	❑		9.	❑	❑
5.	❑	❑		10.	❑	❑

2. Instructions Vous allez entendre deux messages téléphoniques. Vous allez écouter chaque message deux fois. Écoutez bien et écrivez les informations importantes dans votre cahier.

Écoutez de nouveau le message.

Message 1	
NOM:	_____
ÂGE:	_____
ÉTUDES:	_____
CARACTÈRE:	_____
	_____
LOISIRS:	_____
TÉLÉPHONE:	_____

Écoutez de nouveau le message.

Message 2	
NOM:	_____
ÂGE:	_____
ÉTUDES:	_____
CARACTÈRE:	_____
	_____
LOISIRS:	_____
TÉLÉPHONE:	_____

3. Conversation Vous allez entendre une conversation. Écoutez attentivement cette conversation, puis répondez oralement aux questions posées. D'abord, écoutez la conversation.

. . .

Écoutez de nouveau la conversation.

. . .

Maintenant, répondez oralement aux questions suivantes. Vous allez entendre chaque question deux fois.

Langue et communication

Pratique orale Éric demande à ses amis comment ils se sentent ou ce qu'ils font dans certaines circonstances. Écoutez bien les questions et donnez la réponse en utilisant les expressions dans votre cahier. D'abord, écoutez le modèle.

▶ Catherine, qu'est-ce que tu fais quand tu es en retard?
  Je me dépêche.

EXPRESSIONS:			
s'amuser	s'en aller	se sentir tendu	s'inquiéter
se dépêcher	se sentir bien	se taire	s'occuper du jardin
se mettre en colère	se sentir en forme	s'excuser	

Unité 2. Soyons utiles!

PARTIE 1

LISTENING/SPEAKING ACTIVITIES

Le français pratique: Les travaux domestiques

1. Compréhension orale Vous allez entendre une conversation. Ensuite, vous allez écouter une série de phrases concernant cette conversation. D'abord, écoutez, la conversation.

. . .

Écoutez de nouveau la conversation.

. . .

Maintenant, écoutez bien chaque phrase et marquez dans votre cahier si elle est vraie ou fausse. Vous allez entendre chaque phrase deux fois.

	vrai	faux		vrai	faux
1.	☐	☐	6.	☐	☐
2.	☐	☐	7.	☐	☐
3.	☐	☐	8.	☐	☐
4.	☐	☐	9.	☐	☐
5.	☐	☐	10.	☐	☐

2. Questions Vous allez entendre une série de questions. Regardez les dessins dans votre cahier et répondez aux questions. D'abord, écoutez le modèle.

▶ Que fait Madame Lebrun?
Elle nettoie le lavabo.

3. Instructions Vous allez entendre une conversation. Écoutez bien et écrivez dans votre cahier ce que Nathalie et Julien doivent faire dans chaque pièce de la maison. Vous allez entendre cette conversation deux fois.

. . .

Écoutez de nouveau la conversation.

	Julien	Nathalie
salon		
chambres		
cuisine		
salle de bains		

Langue et communication

Pratique orale 1 Émilie a beaucoup de choses à faire aujourd'hui. Elle va dire qu'elle a besoin de certaines choses et un ami va lui demander pourquoi. Jouez le rôle d'Émilie. Commencez chaque réponse par **il faut que . . .** et utilisez les expressions dans votre cahier. Soyez logique! D'abord, écoutez le modèle.

▶ J'ai besoin d'une éponge.
  Pourquoi?
  Il faut que je nettoie la salle de bains.

> EXPRESSIONS:
>
> **arroser les fleurs**   **nettoyer la salle de bains**
> **balayer le garage**   **nettoyer les vitres**
> **couper des roses**   **passer l'aspirateur dans le salon**
> **éplucher les légumes**   **repasser ma robe**
> **laver la voiture**   **tondre la pelouse**
> **laver le linge**

Pratique orale 2 Vous allez entendre une série de phrases. Écoutez bien et confirmez ce que dit chaque personne. Commencez votre réponse par **Tu as raison, il faut que . . .** D'abord, écoutez le modèle.

▶ Nous devons appeler nos grands-parents.
  Tu as raison, il faut que vous appeliez vos grands-parents.

PARTIE 2

LISTENING/SPEAKING ACTIVITIES

Le français pratique: Pour rendre service

1. Compréhension orale Vous allez entendre une conversation. Ensuite, vous allez écouter une série de phrases concernant cette conversation. D'abord, écoutez la conversation.

. . .

Écoutez de nouveau la conversation.

. . .

Maintenant, écoutez bien chaque phrase et marquez dans votre cahier si elle est vraie ou fausse. Vous allez entendre chaque phrase deux fois.

	vrai	faux			vrai	faux
1.	☐	☐		6.	☐	☐
2.	☐	☐		7.	☐	☐
3.	☐	☐		8.	☐	☐
4.	☐	☐		9.	☐	☐
5.	☐	☐		10.	☐	☐

2. Échanges Vous allez entendre une série d'échanges. Chaque échange consiste en une question et une réponse. Écoutez bien chaque échange, puis complétez la réponse dans votre cahier. Vous allez entendre chaque réponse deux fois. D'abord, écoutez le modèle.

▶ Tu peux m'aider à ranger le salon?
Oui, _bien sûr_ !

1. _____ !

2. Je regrette, mais _____ .

3. Non, _____ .

4. Oui, je veux bien te _____ .

5. Ils voudraient bien, mais _____ .

6. _____ , mais je ne peux pas.

7. Je regrette, _____ .

8. _____ . Merci beaucoup.

9. _____ !

10. C'est gentil de me _____ .

3. Conversation Vous allez entendre une conversation. Écoutez bien cette conversation, puis répondez aux questions posées. D'abord, écoutez la conversation.

. . .

Écoutez de nouveau la conversation.

. . .

Maintenant, répondez oralement aux questions suivantes. Vous allez entendre chaque question deux fois.

Langue et communication

Pratique orale 1 Julien n'est pas en forme. Il va chez le médecin et il lui explique ses problèmes. Jouez le rôle du docteur et répondez à Julien. Commencez les réponses en utilisant les expressions dans votre cahier. D'abord, écoutez le modèle.

▶ ne pas être normal

   Je suis toujours fatigué.
   Il n'est pas normal que vous soyez toujours fatigué.

1. être important
2. être essentiel
3. il faut
4. être dommage
5. il ne faut pas

6. être important
7. il vaut mieux
8. être utile
9. être important
10. être normal

Pratique orale 2 Les enfants et les parents ne sont pas toujours d'accord. Écoutez les enfants. Ils vont dire qu'ils ne veulent pas faire certaines choses. Ensuite, jouez le rôle du parent et dites que vous n'êtes pas d'accord. Commencez vos phrases par **Eh bien moi, je veux que . . .** D'abord, écoutez le modèle.

▶ Je ne veux pas prendre de bain.
   Eh bien moi, je veux que tu prennes un bain!

Le français pratique: Comment décrire un objet

1. Compréhension orale Vous allez entendre une conversation. Ensuite, vous allez écouter une série de phrases concernant cette conversation. D'abord, écoutez la conversation.

. . .

Écoutez de nouveau la conversation.

. . .

Maintenant, écoutez bien chaque phrase et marquez dans votre cahier si elle est vraie ou fausse. Vous allez entendre chaque phrase deux fois.

	vrai	faux			vrai	faux
1.	❏	❏		6.	❏	❏
2.	❏	❏		7.	❏	❏
3.	❏	❏		8.	❏	❏
4.	❏	❏		9.	❏	❏
5.	❏	❏		10.	❏	❏

2. Réponses logiques Vous allez entendre une série de questions. Pour chaque question la réponse est incomplète. Dans votre cahier, marquez d'un cercle le mot ou l'expression qui complète la réponse le plus logiquement. D'abord, écoutez le modèle.

▶ Comment est la tour Eiffel?
  Elle est . . .

  a. froide   **(b.) haute**   **c. molle**

  1. a. fragile   b. flexible   c. pointu
  2. a. minuscule   b. massif   c. rond
  3. a. d'occasion   b. rectangulaire   c. neuve
  4. a. léger   b. lourd   c. rugueux
  5. a. ternes   b. solides   c. courts
  6. a. vide   b. fragile   c. bas
  7. a. elle n'est pas brillante b. elle n'est pas solide   c. elle n'est pas petite
  8. a. il est mouillé   b. il est sec   c. il est terne
  9. a. sont droits   b. sont épais   c. sont minces
 10. a. ovale   b. triangulaire   c. ondulé
 11. a. ils sont humides   b. ils sont polis   c. ils sont secs
 12. a. vide   b. énorme   c. tiède

3. Minidialogues Minidialogue 1 Vous allez entendre deux dialogues. Après chaque dialogue, vous allez écouter une série de questions. Chaque dialogue et chaque question vont être répétés. D'abord, écoutez le premier dialogue.

. . .

Écoutez de nouveau le dialogue.

. . .

Maintenant, écoutez bien chaque question et marquez d'un cercle dans votre cahier la réponse que vous trouvez la plus logique.

  1. a. Une table pour le   b. Une table pour   c. Une chambre.
        salon.   sa chambre.
  2. a. Ronde.   b. Pointue.   c. Étroite.
  3. a. Le marbre.   b. Le verre.   c. Le bois.
  4. a. Parce que c'est fragile. b. Parce que c'est lisse. c. Parce que c'est épais.
  5. a. Acheter une chaise. b. Acheter une table   c. Acheter une table en
                                 d'occasion.   verre.

Minidialogue 2 Maintenant, écoutez le second dialogue.

. . .

Écoutez de nouveau le dialogue.

. . .

Maintenant, écoutez bien chaque question et marquez d'un cercle dans votre cahier la réponse que vous trouvez la plus logique.

1. a. Une fleur en plastique.
   b. Une table.
   c. Un vase ancien.

2. a. Parce qu'il veut qu'il soit brillant.
   b. Parce qu'il veut qu'il soit plus terne.
   c. Parce qu'il veut qu'il soit mouillé.

3. a. Il est rond et gros.
   b. Il est haut et mince.
   c. Il est lourd et mou.

4. a. Beaucoup de fleurs.
   b. Des cadeaux.
   c. Une seule fleur.

5. a. Parce qu'il est plein.
   b. Parce qu'il est très fragile.
   c. Parce qu'il est neuf.

4. Situation Vous allez participer à une conversation en répondant à certaines questions. D'abord, écoutez la conversation incomplète jusqu'à la fin. Ne répondez pas aux questions. Écoutez.

. . .

Écoutez de nouveau la conversation. Cette fois, jouez le rôle de Rémi et répondez aux questions de Marie pour l'aider à trouver la solution de la devinette *(riddle)*. Pour répondre aux questions, regardez le dessin dans votre cahier. Il représente l'objet que Marie doit deviner. Répondez après le signal sonore.

Unité 3. Vive la nature!

PARTIE 1

LISTENING/SPEAKING ACTIVITIES

Le français pratique: Les vacances: Plaisirs et problèmes

1. Compréhension orale Vous allez entendre une conversation. Ensuite, vous allez écouter une série de phrases concernant cette conversation. D'abord, écoutez la conversation.

. . .

Écoutez de nouveau la conversation.

. . .

Maintenant, écoutez bien chaque phrase et marquez dans votre cahier si elle est vraie ou fausse. Vous allez entendre chaque phrase deux fois.

	vrai	faux		vrai	faux
1.	❑	❑	6.	❑	❑
2.	❑	❑	7.	❑	❑
3.	❑	❑	8.	❑	❑
4.	❑	❑	9.	❑	❑
5.	❑	❑	10.	❑	❑

2. Réponses logiques Vous allez entendre une série de questions. Pour chaque question la réponse est incomplète. Dans votre cahier, marquez d'un cercle le mot ou l'expression qui complète la réponse le plus logiquement. D'abord, écoutez le modèle.

▶ Est-ce que tu aimes nager?
   Oui, mais j'ai peur de . . .

    (a.) **me noyer**   b. **mettre le feu**   c. **bronzer**

1. a. j'ai peur de me perdre	b. j'ai mal aux pieds	c. j'ai le mal de mer
2. a. fait de la planche à voile	b. marche sur un serpent	c. se noie
3. a. faire de la plongée sous-marine	b. faire du camping	c. faire de l'alpinisme
4. a. laisser de moustiques	b. laisser de déchets	c. respecter la nature
5. a. font peur aux animaux	b. nettoient tous les déchets	c. ne polluent jamais
6. a. il ne faut pas faire de pique-nique	b. il ne faut pas se perdre	c. il ne faut pas attraper de coup de soleil
7. a. on peut détruire la végétation	b. on peut se casser la jambe	c. on peut observer les animaux
8. a. été piqué par une fourmi	b. mis le feu	c. attrapé un coup de soleil
9. a. mettre le feu	b. faire du camping	c. faire des frites
10. a. être piquée par des moustiques	b. avoir le mal de mer	c. se perdre
11. a. ne faut pas mettre le feu.	b. ne faut pas tomber dans l'eau.	c. ne faut pas faire de pique-nique
12. a. détruire les arbres	b. faire peur aux animaux	c. protéger l'environnement

3. Questions Vous allez entendre une série de questions. Regardez les dessins dans votre cahier et répondez aux questions. D'abord, écoutez le modèle.

▶ Qu'est-ce que tu fais quand tu es à la campagne?
J'observe les animaux.

4. Instructions Vous êtes au bord de la mer et vous arrivez à la réserve naturelle des Rochebelles. À l'entrée de la réserve, vous voyez un panneau. Sur ce panneau, il y a une description de certaines choses qu'*on peut faire*, de certaines choses qu'*on doit faire* et de certaines choses qu'*il ne faut pas faire* dans la réserve. Vous allez entendre le texte de ce panneau deux fois. Écoutez bien et inscrivez dans votre cahier les choses qu'on peut faire, les choses qu'on doit faire et les choses qu'il ne faut pas faire.

. . .

Écoutez de nouveau le texte du panneau.

♻ **RÉSERVE NATURELLE DES ROCHEBELLES** 🐋

Vous pouvez faire	Vous devez faire	Ne faites pas!

Langue et communication

Pratique orale 1 Vous allez entendre une série de questions. Dans ces questions, quelqu'un va vous demander si certaines personnes ont fait certaines choses. Expliquez le problème que chaque personne a eu en faisant chaque activité. Commencez toutes vos réponses par **Oui, mais . . .** et utilisez le passé composé des verbes de la liste. D'abord, écoutez le modèle.

▶ Est-ce que Catherine a pris un bain de soleil aujourd'hui?
   Oui, mais elle a attrapé un coup de soleil.

> **LISTE DE PROBLÈMES:**
>
> attraper un coup de soleil   mettre le feu à la forêt
> avoir le mal de mer   perdre son portefeuille
> être piqué par des moustiques   se blesser
> faire peur aux animaux   s'endormir
> laisser des déchets sur l'herbe   tomber dans l'eau
> marcher sur un serpent

Pratique orale 2 Vous allez entendre ce que certaines personnes font maintenant. Utilisez les informations de votre cahier et dites ce que ces personnes faisaient *avant*. D'abord, écoutez le modèle.

▶ à Marseille
   Paul habite à Paris.
   Avant, il habitait à Marseille.

1. étudiant
2. de l'escalade
3. au lycée
4. du café
5. beaucoup d'amis

6. en Espagne
7. souvent sa grand-mère
8. beaucoup
9. beaucoup de lettres
10. un peu de vin

Pratique orale 3 Vous allez entendre Catherine vous dire ce qu'elle et sa famille avaient l'habitude de faire pendant les vacances. Jouez le rôle de Catherine et dites ce que chacun a fait *le dernier jour*. Pour répondre, utilisez les informations de votre cahier. D'abord, écoutez le modèle.

▶ se lever tôt
   Pendant les vacances, je me levais toujours tard.
   Le dernier jour, je me suis levée tôt.

1. ne pas se baigner
2. faire les bagages
3. ranger la maison
4. rester à la maison
5. ne pas avoir le temps de faire de la plongée sous-marine

6. prendre le déjeuner dans la cuisine
7. être de mauvaise humeur
8. aller à la plage en voiture
9. s'embêter
10. téléphoner à son copain

PARTIE 2

LISTENING/SPEAKING ACTIVITIES

Le français pratique: Quoi de neuf?

1. Compréhension orale Vous allez entendre Denis vous raconter une histoire. Ensuite, vous allez écouter une série de phrases concernant cette histoire. D'abord, écoutez l'histoire.

. . .

Écoutez de nouveau l'histoire.

. . .

Maintenant, écoutez bien chaque phrase et marquez dans votre cahier si elle est vraie ou fausse. Vous allez entendre chaque phrase deux fois.

	vrai	faux			vrai	faux
1.	❑	❑		6.	❑	❑
2.	❑	❑		7.	❑	❑
3.	❑	❑		8.	❑	❑
4.	❑	❑		9.	❑	❑
5.	❑	❑		10.	❑	❑

2. Échanges Vous allez entendre une série d'échanges. Chaque échange consiste en une question et une réponse. Écoutez bien chaque échange, puis complétez la réponse dans votre cahier. Vous allez entendre chaque réponse deux fois. D'abord, écoutez le modèle.

▶ Qu'est-ce qui est arrivé?

 Il y a eu un accident.

1. _____ d'un accident.

2. Il a eu lieu _____.

3. _____ dans le jardin.

4. _____, je suis allée voir ce qui se passait.

5. _____!

6. _____.

7. _____.

8. _____!

9. Un peu, mais elle est arrivée à l'heure, _____.

10. J'ai vu _____.

3. Minidialogues **Minidialogue 1** Vous allez entendre deux dialogues. Après chaque dialogue, vous allez écouter une série de questions. Chaque dialogue et chaque question vont être répétés. D'abord, écoutez le premier dialogue.

. . .

Écoutez de nouveau le dialogue.

. . .

Maintenant, écoutez bien chaque question et marquez d'un cercle dans votre cahier la réponse que vous trouvez la plus logique.

1. a. Du camping en Espagne.
   b. De l'escalade à la montagne.
   c. Du camping à la campagne.

2. a. Il a plu tout le temps.
   b. Il a neigé.
   c. Il n'a jamais plu.

3. a. Mélanie a marché sur un serpent.
   b. Mélanie a été à l'hôtel.
   c. Il y a eu un orage incroyable.

4. a. De rentrer à Paris.
   b. D'aller voir Pierre.
   c. De faire du camping.

5. a. Il a fait de l'orage.
   b. Il a fait très beau.
   c. Il a fait très mauvais.

6. a. Ils allaient en Espagne.
   b. Ils faisaient du bateau.
   c. Ils allaient se baigner.

7. a. Ils faisaient de la planche à voile.
   b. Ils se baignaient.
   c. Ils faisaient du vélo.

8. a. Il y a eu du vent.
   b. Il y a eu un peu de pluie.
   c. Il y a eu un peu de verglas.

Minidialogue 2 Maintenant, écoutez le second dialogue.

. . .

Écoutez de nouveau le dialogue.

. . .

Maintenant, écoutez bien chaque question et marquez d'un cercle dans votre cahier la réponse que vous trouvez la plus logique.

1. a. Ils voulaient aller au cinéma.
   b. Ils voulaient faire un pique-nique.
   c. Ils voulaient regarder la météo.

2. a. Il va pleuvoir.
   b. Il va aller faire un pique-nique.
   c. Il va faire beau.

3. a. Faire une promenade en bateau.
   b. Au cinéma.
   c. À la maison.

4. a. Demain.
   b. Dans la semaine.
   c. Dimanche.

4. Conversation Vous allez entendre une conversation. Écoutez bien cette conversation, puis répondez aux questions posées. D'abord, écoutez la conversation.

. . .

Écoutez de nouveau la conversation.

. . .

Maintenant, répondez oralement aux questions suivantes. Vous allez entendre chaque question deux fois.

5. Situation Vous allez participer à une conversation en répondant à certaines questions. D'abord, écoutez la conversation incomplète jusqu'à la fin. Ne répondez pas aux questions. Écoutez.

. . .

Écoutez de nouveau la conversation. Cette fois, jouez le rôle de M. Charlet et répondez aux questions du policier. Pour répondre aux questions, regardez le dessin dans votre cahier. Répondez après le signal sonore.

Langue et communication

Pratique orale 1 Vous allez entendre une série de questions. Écoutez bien chaque question et répondez en utilisant les expressions du cahier. D'abord, écoutez le modèle.

▶ dîner

Qu'est-ce que vous faisiez quand le téléphone a sonné?
Quand le téléphone a sonné, nous dînions.

1. promener mon chien
2. être au cinéma
3. faire ses devoirs
4. prendre un bain de soleil
5. être dans le magasin

6. regarder la télévision
7. téléphoner à une amie
8. aller chez des copains
9. dormir
10. se promener dans les bois

Pratique orale 2 Vous allez entendre une histoire imaginaire racontée au passé simple. D'abord, écoutez bien l'histoire jusqu'à la fin. Ensuite, écoutez chaque phrase avec un verbe au passé simple et transformez-la au passé composé. D'abord, écoutez l'histoire.

. . .

Maintenant, transformez chaque phrase au passé composé. D'abord, écoutez le modèle.

▶ Un jour, un jeune homme alla se promener dans la forêt.
Un jour, un jeune homme est allé se promener dans la forêt.

Unité 4. Aspects de la vie quotidienne

PARTIE 1

LISTENING/SPEAKING ACTIVITIES

Le français pratique: Comment faire des achats

1. Compréhension orale Vous allez entendre une conversation. Ensuite, vous allez écouter une série de phrases concernant cette conversation. D'abord, écoutez la conversation.

. . .

Écoutez de nouveau la conversation.

. . .

Maintenant, écoutez bien chaque phrase et marquez dans votre cahier si elle est vraie ou fausse. Vous allez entendre chaque phrase deux fois.

	vrai	faux			vrai	faux
1.	❏	❏		6.	❏	❏
2.	❏	❏		7.	❏	❏
3.	❏	❏		8.	❏	❏
4.	❏	❏		9.	❏	❏
5.	❏	❏		10.	❏	❏

2. Réponses logiques Vous allez entendre une série de questions. Pour chaque question la réponse est incomplète. Dans votre cahier, marquez d'un cercle le mot ou l'expression qui complète la réponse le plus logiquement. D'abord, écoutez le modèle.

▶ Où vas-tu pour envoyer cette lettre?
   Je vais . . .

a. à la papeterie	(b.) à la poste	c. à la librairie
1. a. au photographe	b. à la papeterie	c. à la pharmacie
2. a. un stylo à bille	b. du détergent	c. des mouchoirs en papier
3. a. chez le photographe	b. chez le pharmacien	c. au café
4. a. je veux du papier	b. du scotch	c. c'est tout, merci
5. a. lire un livre	b. acheter des timbres	c. écrire une lettre
6. a. du Sopalin	b. un tube d'aspirine	c. des élastiques
7. a. de timbres	b. d'une pellicule	c. une boîte d'allumettes
8. a. un bloc	b. un rouleau	c. une pelote
9. a. Ça fait dix euros.	b. Vous devez faire des achats.	c. un tube de colle
10. a. Donnez-m'en un rouleau.	b. Donnez-m'en cinq.	c. Donnez-m'en un tube.
11. a. au rayon «produits de la maison»	b. au rayon «légumes»	c. à la caisse
12. a. de l'ouate	b. un aérogramme	c. des trombones
13. a. un colis	b. une boîte d'allumettes	c. une bouteille de shampooing
14. a. Prêtez-moi	b. Donnez-moi	c. Commandez-moi
15. a. de la colle	b. du papier hygiénique	c. de l'eau de toilette

3. Questions Vous allez entendre une série de questions. Regardez les dessins dans votre cahier et répondez aux questions. D'abord, écoutez le modèle.

▶ Qu'est-ce que tu as acheté à la pharmacie?
J'ai acheté un tube d'aspirine.

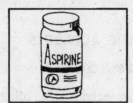

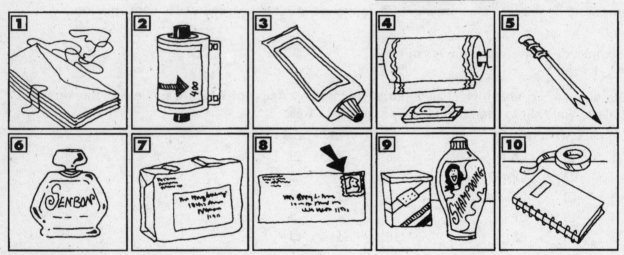

4. Instructions Vous allez entendre une conversation. Écoutez bien et écrivez dans votre cahier la liste des achats que Yann et Clara doivent faire. Pour chaque article que Yann et Clara vont acheter, vous devez marquer la quantité nécessaire. Vous allez écouter cette conversation deux fois.

. . .

Écoutez de nouveau la conversation.

• *Photographe*
_____
_____

• *Pharmacie*
_____
_____

• *Supérette*
_____
_____

Langue et communication

Pratique orale 1 Louise vient d'aller faire des achats. Regardez sa liste dans votre cahier et répondez aux questions. Utilisez les pronoms **y** ou **en** dans vos réponses. D'abord, écoutez les modèles.

▶ Est-ce que Louise est allée à la papeterie?
Oui, elle y est allée.

▶ Est-ce qu'elle a acheté du scotch?
Oui, elle en a acheté un rouleau.

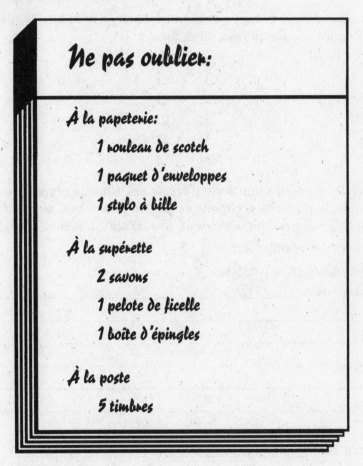

Ne pas oublier:

À la papeterie:
1 rouleau de scotch
1 paquet d'enveloppes
1 stylo à bille

À la supérette
2 savons
1 pelote de ficelle
1 boîte d'épingles

À la poste
5 timbres

Pratique orale 2 Vous allez entendre une série de questions. Dans chaque question, vous allez entendre un adjectif indéfini de quantité. Répondez à ces questions en utilisant les pronoms indéfinis de quantité correspondants. D'abord, écoutez le modèle.

▶ Est-ce que tu as envoyé quelques cartes postales?
Oui, j'en ai envoyé quelques-unes.

PARTIE 2

LISTENING/SPEAKING ACTIVITIES

Le français pratique: Au salon de coiffure

1. Compréhension orale Vous allez entendre une conversation. Ensuite, vous allez écouter une série de phrases concernant cette conversation. D'abord, écoutez la conversation.

. . .

Écoutez de nouveau la conversation.

. . .

Maintenant, écoutez bien chaque phrase et marquez dans votre cahier si elle est vraie ou fausse. Vous allez entendre chaque phrase deux fois.

	vrai	faux		vrai	faux
1.	☐	☐	6.	☐	☐
2.	☐	☐	7.	☐	☐
3.	☐	☐	8.	☐	☐
4.	☐	☐	9.	☐	☐
5.	☐	☐	10.	☐	☐

2. Échanges Vous allez entendre une série d'échanges. Chaque échange consiste en une question et une réponse. Écoutez bien chaque échange, puis complétez la réponse dans votre cahier. Vous allez entendre chaque réponse deux fois. D'abord, écoutez le modèle.

▶ Est-ce que tu es libre cet après-midi?

Non, je dois aller _au salon de coiffure_.

1. Je voudrais qu'il me fasse _____.

2. Oui, madame, _____.

3. Non, je voudrais _____.

4. Non merci, _____.

5. _____.

6. Non, dégagez-les _____.

7. Oui, mais _____.

8. Oui, le coiffeur m'a fait _____.

9. Oui, mais d'abord je dois vous faire _____.

10. Non, un shampooing et _____.

3. Situation Vous allez participer à une conversation en répondant à certaines questions. D'abord, écoutez la conversation incomplète jusqu'à la fin. Ne répondez pas aux questions. Écoutez.

Écoutez de nouveau la conversation. Cette fois, jouez le rôle de Madame Gardon et répondez aux questions de la caissière. Pour répondre aux questions, regardez les informations dans votre cahier. Répondez après le signal sonore.

⚜ JEAN-JACQUES — HAUTE-COIFFURE ⚜		
Client(e):	*Madame Gardon*	
Coiffeur/Coiffeuse:	*Nathalie*	
SERVICES:	TARIFS	
shampooing	✔	5€
coupe	✔	20€
mise en pli	✔	10€
coupe-brushing		
permanente		
TOTAL À PAYER	35€	

Langue et communication

Pratique orale 1 Vous allez entendre une série de questions. Écoutez bien chaque question et regardez dans votre cahier si vous devez y répondre affirmativement ou négativement. Utilisez dans chaque réponse le pronom qui convient. D'abord, écoutez le modèle.

▶ non

Est-ce que tu regardes souvent la télévision?
Non, je ne la regarde pas souvent.

1. oui	3. non	5. non	7. non	9. oui
2. oui	4. oui	6. non	8. oui	10. oui

Pratique orale 2 Julien est gentil. Il prête souvent ses affaires. Mais pas toujours! Vous allez entendre certaines personnes demander à Julien s'il veut bien leur prêter quelque chose. Jouez le rôle de Julien et dites si vous leur prêtez ou non les choses qu'ils demandent. Pour répondre, regardez les indications dans votre cahier. D'abord, écoutez le modèle.

▶ oui

Julien, est-ce que tu peux me prêter ton vélo?
Oui, je te le prête.

1. oui	3. oui	5. oui	7. oui	9. oui
2. non	4. non	6. oui	8. non	10. oui

Le français pratique: Services

1. Compréhension orale Vous allez entendre une conversation. Ensuite, vous allez écouter une série de phrases concernant cette conversation. D'abord, écoutez la conversation.

. . .

Écoutez de nouveau la conversation.

. . .

Maintenant, écoutez bien chaque phrase et marquez dans votre cahier si elle est vraie ou fausse. Vous allez entendre chaque phrase deux fois.

	vrai	faux		vrai	faux
1.	☐	☐	6.	☐	☐
2.	☐	☐	7.	☐	☐
3.	☐	☐	8.	☐	☐
4.	☐	☐	9.	☐	☐
5.	☐	☐	10.	☐	☐

2. Minidialogues **Minidialogue 1** Vous allez entendre deux dialogues. Après chaque dialogue, vous allez écouter une série de questions. Chaque dialogue et chaque question vont être répétés. D'abord, écoutez le premier dialogue.

. . .

Écoutez de nouveau le dialogue.

. . .

Maintenant, écoutez bien chaque question et marquez d'un cercle dans votre cahier la réponse que vous trouvez la plus logique.

1. a. Au magasin de chaussures.
   b. Chez le cordonnier.
   c. À la poste.

2. a. Il faut changer les talons.
   b. Il veut les colorer en vert.
   c. Elles sont réparées.

3. a. À cinq heures.
   b. Elle ne travaille pas ce matin.
   c. À dix heures.

4. a. Chez le photographe.
   b. À la maison.
   c. Chez le teinturier.

5. a. Elle n'est pas jolie.
   b. Il y a une grosse tache.
   c. Elle est noire.

6. a. D'ici trois jours.
   b. Tout à l'heure.
   c. Dans trois semaines.

Minidialogue 2 Maintenant, écoutez le second dialogue.

. . .

Écoutez de nouveau le dialogue.

. . .

Maintenant, écoutez bien chaque question et marquez d'un cercle dans votre cahier la réponse que vous trouvez la plus logique.

1. a. De nettoyer une robe.
   b. De nettoyer ses chaussures.
   c. De garder la robe.

2. a. Un fruit.
   b. La teinturière.
   c. Une tache.

3. a. Parce que l'étoffe est très fragile.
   b. Parce qu'elle est sale.
   c. Parce qu'il y a un bijou dessus.

4. a. De laver la robe.
   b. De porter la robe avec une veste.
   c. De manger des fruits.

3. Conversation Vous allez entendre une conversation. Écoutez bien cette conversation, puis répondez oralement aux questions posées. D'abord, écoutez la conversation.

. . .

Écoutez de nouveau la conversation.

. . .

Maintenant, répondez oralement aux questions suivantes. Vous allez entendre chaque question deux fois.

Langue et communication

Pratique orale Vous allez entendre certaines personnes vous expliquer leur problème. Écoutez bien chaque phrase et dites à chaque personne ce qu'elle doit faire. Utilisez les expressions de votre cahier à l'impératif. Soyez logique! D'abord, écoutez le modèle.

EXPRESSIONS:	
changer	**nettoyer**
couper	**réparer**
développer	**tondre**
laver	

▶ Mes lunettes sont cassées.
Fais-les réparer.

Unité 5. Bon voyage!

PARTIE 1

LISTENING/SPEAKING ACTIVITIES

Le français pratique: Les voyages

1. Compréhension orale Vous allez entendre Élise, une jeune Française, vous parler de ses projets de vacances. Ensuite, vous allez écouter une série de phrases concernant ces projets. D'abord, écoutez ce que dit Élise.

. . .

Écoutez de nouveau ce que dit Élise.

. . .

Maintenant, écoutez bien chaque phrase et marquez dans votre cahier si elle est vraie ou fausse. Vous allez entendre chaque phrase deux fois.

	vrai	faux			vrai	faux
1.	❑	❑		6.	❑	❑
2.	❑	❑		7.	❑	❑
3.	❑	❑		8.	❑	❑
4.	❑	❑		9.	❑	❑
5.	❑	❑		10.	❑	❑

2. Réponses logiques Vous allez entendre une série de questions. Pour chaque question, la réponse est incomplète. Dans votre cahier marquez d'un cercle le mot ou l'expression qui complète la réponse le plus logiquement. D'abord, écoutez le modèle.

▶ Qu'est-ce que tu aimes faire pendant les vacances?
   J'aime . . .

a. mes deux chats	ⓑ voyager	c. aller au lycée
1. a. à l'étranger	b. au supermarché	c. manger
2. a. au Mexique	b. à la discothèque	c. au village
3. a. mes amis	b. une cathédrale	c. le Portugal
4. a. apprendre l'anglais	b. faire un séjour	c. skier
5. a. en Australie	b. aux Canaries	c. en Angleterre
6. a. une pièce d'identité	b. ses amis	c. ses bagages
7. a. à la cafétéria	b. à la douane	c. à la boutique de souvenirs
8. a. un pique-nique	b. un sac à dos	c. le train
9. a. un passeport	b. un chapeau	c. une valise
10. a. les déclarer	b. les donner au douanier	c. les cacher

3. Échanges Vous allez entendre une série d'échanges. Chaque échange consiste en une question et une réponse. Écoutez bien chaque échange, puis complétez la réponse dans votre cahier. Vous allez entendre chaque réponse deux fois. D'abord, écoutez le modèle.

▶ Où es-tu allé en vacances?

Je suis allé *aux États-Unis*.

1. J'aimerais bien _____.

2. Non, moi, je prends juste _____.

3. Non, ils n'avaient rien _____.

4. Oui, ils vont faire _____.

5. Il a perdu _____.

6. Oui, il est _____.

7. Nous aimerions beaucoup _____.

8. Nous avons _____.

9. _____.

10. On les contrôle _____.

4. Questions Vous allez entendre une série de questions. Regardez le dessin dans votre cahier et répondez aux questions. D'abord, écoutez le modèle.

▶ Où es-tu allé en vacances?
Je suis allé aux États-Unis.

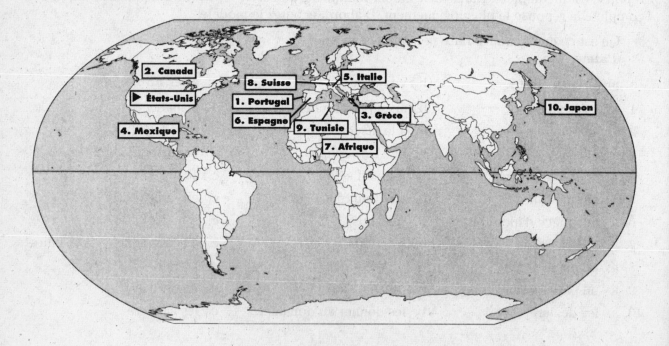

5. Minidialogues **Minidialogue 1** Vous allez entendre deux dialogues. Après chaque dialogue, vous allez écouter une série de questions. D'abord, écoutez le premier dialogue.

. . .

Écoutez de nouveau le dialogue.

. . .

Maintenant, écoutez bien chaque question et marquez d'un cercle dans votre cahier la réponse que vous trouvez la plus logique.

1. a. Parce qu'elle n'aime pas le Canada.
   b. Parce qu'elle n'a pas de vacances.
   c. Parce qu'elle n'a pas assez d'argent.

2. a. La Grèce.
   b. Le Canada.
   c. La France.

3. a. Tous les jours.
   b. Toutes les vacances.
   c. Tous les week-ends.

4. a. Quatre personnes.
   b. Deux personnes.
   c. Aucune.

Minidialogue 2 Maintenant, écoutez le second dialogue.

. . .

Écoutez de nouveau le dialogue.

. . .

Maintenant, écoutez bien chaque question et marquez d'un cercle dans votre cahier la réponse que vous trouvez la plus logique.

1. a. Ça a été formidable.
   b. Ça a été une catastrophe.
   c. Ça a été bien.

2. a. En Italie.
   b. Dans le métro.
   c. À l'aéroport.

3. a. Ils sont partis sans elle.
   b. Ils sont perdus dans le métro.
   c. Ils sont à l'aéroport.

4. a. À l'hôpital.
   b. Dans l'escalier.
   c. À l'aéroport.

Langue et communication

Pratique orale 1 Vous allez entendre une série de phrases concernant un accident qui a eu lieu *(took place)* près de chez vous. Vous allez contredire *(contradict)* chacune de ces phrases en commençant votre phrase par **Moi, je . . .** Utilisez les expressions négatives dans votre cahier. D'abord, écoutez le modèle.

▶ rien
Cinq personnes ont vu l'accident.
Moi, je n'ai rien vu.

1. rien
2. personne
3. ni . . . ni
4. rien
5. aucune
6. nulle part
7. rien
8. aucune

Pratique orale 2 Vous allez entendre une série de questions posées au passage à la douane. Répondez à ces questions en employant **ne . . . que** et les expressions suggérées dans votre cahier. Soyez logique! D'abord, écoutez le modèle.

▶ Est-ce que vous parlez allemand?
Non, je ne parle que français.

EXPRESSIONS:		
français	un bagage à main	une valise
Genève	une fois par an	vingt-cinq
la Suisse	une montre	euros
mon passeport	une semaine	

PARTIE 2

LISTENING/SPEAKING ACTIVITIES

Le français pratique: Partons en voyage

1. Compréhension orale Vous allez entendre une conversation entre deux amis, Luc et Jacques. Ensuite, vous allez écouter une série de phrases concernant cette conversation. D'abord, écoutez la conversation.

. . .

Écoutez de nouveau la conversation.

. . .

Maintenant, écoutez bien chaque phrase et marquez dans votre cahier si elle est vraie ou fausse. Vous allez entendre chaque phrase deux fois.

	vrai	faux			vrai	faux
1.	❑	❑		6.	❑	❑
2.	❑	❑		7.	❑	❑
3.	❑	❑		8.	❑	❑
4.	❑	❑		9.	❑	❑
5.	❑	❑		10.	❑	❑

2. Réponses logiques Vous allez entendre une série de questions. Pour chaque question, la réponse est incomplète. Dans votre cahier, marquez d'un cercle le mot ou l'expression qui complète la réponse le plus logiquement. D'abord, écoutez le modèle.

▶ Où vas-tu pour organiser ton voyage?
Je vais . . .

a. à la pharmacie	**b. au marché**	**c.) à l'agence de voyages**
1. a. mon billet	b. des cours de français	c. des cartes postales
2. a. avec Louise et sa soeur	b. en train	c. à skis
3. a. en deuxième classe	b. en classe de maths	c. à skis
4. a. grands fumeurs	b. non-fumeur	c. rouge
5. a. toujours en retard	b. toujours prêts	c. toujours à l'heure
6. a. que le train est vide	b. que je serai libre	c. qu'il y a de la place
7. a. près du moteur	b. près de la fenêtre	c. près des toilettes
8. a. passer à la douane	b. donner son passeport	c. composter le billet
9. a. en avion	b. en métro	c. à pied
10. a. en classe spéciale	b. en classe économie	c. en classe gratuite
11. a. l'avion est rapide	b. le voyage est terminé	c. le vol est direct
12. a. confirmer sa réservation	b. acheter son billet	c. partir en avion
13. a. téléphoner	b. louer une voiture	c. prendre l'avion
14. a. arriver à l'aéroport en avance	b. prendre le train	c. composter son billet
15. a. les enregistrer	b. les perdre	c. les poster

3. Conversation Vous allez entendre une conversation. Écoutez bien cette conversation, puis répondez aux questions posées. D'abord, écoutez la conversation.

. . .

Écoutez de nouveau la conversation.

. . .

Maintenant, répondez oralement aux questions suivantes. Vous allez entendre chaque question deux fois.

4. Instructions Vous allez entendre une conversation entre Élisabeth Lubin et un agent de voyages. Vous allez écouter cette conversation deux fois. Écoutez bien et complétez la fiche de réservation dans votre cahier.

. . .

Écoutez de nouveau la conversation.

✈ **FICHE DE RÉSERVATION** ✈

Date de réservation: _____

Nom(s): _____

Destination: _____ **Date du voyage:** _____

Compagnie aérienne: _____ **N° de vol:** _____

Section: _____

Aéroport de départ: _____ **Heure de départ:** _____

Prix: _____ **Mode de paiement:** _____

---

5. Situation Vous allez participer à une conversation en répondant à certaines questions. D'abord, écoutez la conversation incomplète jusqu'à la fin. Ne répondez pas aux questions. Écoutez.

. . .

Écoutez de nouveau la conversation. Cette fois, jouez le rôle de l'employé de l'agence de voyages et répondez aux questions de Lisa. Pour répondre aux questions, regardez les informations dans votre cahier. Répondez après le signal sonore.

★ ★ ★ ★ **UN WEEK-END À VENISE** ★ ★ ★★
avec
AIR FRANCE

PRIX SPÉCIAL CARNAVAL!

aller et retour en avion:
Tarif spécial pour les jeunes de moins de 25 ans!

✈ **Départ de Paris le vendredi 27 janvier à 17h30 sur le vol Air France 654 — Arrivée à 19h10**

✈ **Retour le dimanche 29 janvier à 20h05 sur le vol Air France 627 — Arrivée à 21h45**

*Prix du billet: 250€**

*Tarif spécial jeunes

Langue et communication

Pratique orale 1 Vous allez entendre une série de questions concernant les projets de plusieurs personnes. Jouez le rôle de ces personnes et répondez aux questions. Utilisez le futur et les expressions dans votre cahier. D'abord, écoutez le modèle.

▶ voyager au Brésil

Cette année, nous avons voyagé en Italie.
Et l'année prochaine?
L'année prochaine, nous voyagerons au Brésil.

1. aller au Maroc
2. faire beau
3. avoir plus de temps libre
4. être gentille
5. appeler mes grands-parents

6. pouvoir venir
7. acheter un ordinateur
8. venir avec nous à la piscine
9. finir tout
10. voir mon oncle et ma tante

Pratique orale 2 Vous allez entendre une série de questions. Répondez à ces questions. Commencez vos réponses par **si, quand** ou **dès que**. Utilisez les expressions dans votre cahier. Faites attention de bien utiliser le futur quand il le faut, et soyez logique! D'abord, écoutez le modèle.

▶ aller à la piscine

Qu'est-ce que nous ferons quand les cours seront finis?
Quand les cours seront finis, nous irons à la piscine.

1. se lever tard tous les jours
2. aller en voyage au Portugal
3. faire un pique-nique
4. aller au stade
5. prendre le train

6. acheter des jeans et des disques laser
7. rester à la maison
8. chercher un hôtel
9. composter son billet
10. envoyer des cartes postales à tous ses amis

Pratique orale 3 Vous allez entendre une série de phrases concernant plusieurs personnes. Dites ce qui se passerait si leur situation était différente. Utilisez les expressions dans votre cahier. D'abord, écoutez le modèle.

▶ aller au Sénégal

Cette année, Marc n'a pas de vacances.
S'il avait des vacances, il irait au Sénégal.

1. acheter une voiture neuve
2. réussir à ses examens
3. faire plus de sport
4. aller au stade avec ses amis
5. partir à la campagne pour quelques jours

6. être plus heureux
7. rater le train
8. ne pas avoir d'amende
9. sortir moins souvent
10. pouvoir faire des grands voyages

Unité 6. Séjour en France

PARTIE 1

LISTENING/SPEAKING ACTIVITIES

Le français pratique: À l'hôtel

1. Compréhension orale Vous allez entendre la description d'un hôtel. Ensuite, vous allez écouter une série de phrases concernant cette description. D'abord, écoutez la description.

. . .

Écoutez de nouveau la description.

. . .

Maintenant, écoutez bien chaque phrase et marquez dans votre cahier si elle est vraie ou fausse. Vous allez entendre chaque phrase deux fois.

	vrai	faux			vrai	faux
1.	❏	❏	6.		❏	❏
2.	❏	❏	7.		❏	❏
3.	❏	❏	8.		❏	❏
4.	❏	❏	9.		❏	❏
5.	❏	❏	10.		❏	❏

2. Réponses logiques Vous allez entendre une série de questions. Pour chaque question la réponse est incomplète. Dans votre cahier, marquez d'un cercle le mot ou l'expression qui complète la réponse le plus logiquement. D'abord, écoutez le modèle.

▶ Bonjour, vous désirez?
  Je voudrais . . .

	a. bien	**b. pour une personne**	**ⓒ réserver une chambre**
1. a.	un ascenseur	b. une auberge de jeunesse	c. une piscine
2. a.	les hôtels de luxe	b. une chambre à deux lits	c. l'air conditionné
3. a.	à la campagne	b. à la piscine	c. à la réception
4. a.	spacieux	b. bruyant	c. bon marché
5. a.	une carte de crédit	b. une clé	c. une semaine
6. a.	une salle d'exercices	b. l'air conditionné	c. une belle vue
7. a.	en espèces	b. jusqu'à mardi	c. à deux lits
8. a.	une chambre avec douche	b. une piscine	c. une auberge
9. a.	la demi-pension	b. un service dans les chambres	c. le téléphone
10. a.	avec des chèques de voyage	b. moins chère	c. une semaine
11. a.	télévision	b. balcon	c. clé
12. a.	à un lit	b. jusqu'au 3 juillet	c. par chèque
13. a.	avec la pension complète	b. plus calme	c. moins chère
14. a.	deux nuits	b. une personne	c. un balcon
15. a.	spacieuse et confortable	b. avec une carte de crédit	c. une belle vue

3. Questions Vous allez entendre une série de questions. Regardez les dessins dans votre cahier et répondez aux questions. D'abord, écoutez le modèle.

▶

Où est-ce que je dois aller pour réserver une chambre?
Tu dois aller à la réception.

Tu dois aller . . .

1.

Je cherche . . .

2.

Oui, il y a . . .

3.

Non, il y a . . .

4.

Non, il y a . . .

5.

Je vais payer . . .

6.

Elle va payer . . .

7.

Nous voulons une chambre . . .

8.

Non, il y a . . .

9.

On peut prendre des bains de soleil sur . . .

10.

Non, je veux une chambre avec . . .

4. Conversation Vous allez entendre une conversation entre Monsieur Lévy et la réceptionniste de l'Hôtel du Château. Écoutez bien cette conversation, puis répondez oralement aux questions posées. D'abord, écoutez la conversation.

. . .

Écoutez de nouveau la conversation.

. . .

Maintenant, répondez oralement aux questions suivantes. Vous allez entendre chaque question deux fois.

5. Situation Vous allez participer à une conversation en répondant à certaines questions. D'abord, écoutez la conversation incomplète jusqu'à la fin. Ne répondez pas aux questions. Écoutez.

. . .

Écoutez de nouveau la conversation. Cette fois, jouez le rôle de Richard et répondez aux questions de Denis. Pour répondre aux questions, regardez le dessin dans votre cahier. Répondez après le signal sonore.

Language et communication

Pratique orale 1 Vous allez entendre une série de questions. Écoutez bien chaque question et répondez en comparant la ville et la campagne. Soyez logique! D'abord, écoutez les modèles.

▶ À la ville, les gens sont souvent énervés. Et à la campagne?
 À la campagne, les gens sont moins énervés.

▶ À la campagne, il ne faut pas beaucoup d'argent pour se loger. Et à la ville?
 À la ville, il faut plus d'argent pour se loger.

Pratique orale 2 Vous allez entendre une série de phrases concernant certaines personnes dans votre groupe d'amis. Écoutez bien chaque phrase et parlez d'une autre personne, qui est indiquée dans votre cahier. Utilisez le superlatif. D'abord, écoutez le modèle.

▶ Paul
 Marie est vraiment gentille.
 Oui, mais c'est Paul qui est le plus gentil.

1. Marc
2. Laura
3. Jacques
4. Olivier
5. Simon
6. Stéphanie
7. Henri
8. Catherine
9. Lina
10. Virginie

Nom _____ Date _____

PARTIE 2

LISTENING/SPEAKING ACTIVITIES

Le français pratique: Services à l'hôtel

1. Compréhension orale Vous allez entendre une conversation dans un hôtel. Ensuite, vous allez écouter une série de phrases concernant cette conversation. D'abord, écoutez la conversation.

. . .

Écoutez de nouveau la conversation.

. . .

Maintenant, écoutez bien chaque phrase et marquez dans votre cahier si elle est vraie ou fausse. Vous allez entendre chaque phrase deux fois.

	vrai	faux			vrai	faux
1.	❏	❏	6.		❏	❏
2.	❏	❏	7.		❏	❏
3.	❏	❏	8.		❏	❏
4.	❏	❏	9.		❏	❏
5.	❏	❏	10.		❏	❏

2. Échanges Vous allez entendre une série d'échanges. Chaque échange consiste en une question et une réponse. Écoutez bien chaque échange, puis complétez la réponse dans votre cahier. Vous allez entendre chaque réponse deux fois. D'abord, écoutez le modèle.

▶ Ici la réception, vous désirez?

Est-ce qu'on peut me _servir le petit déjeuner_ maintenant?

1. Oui, il faut _____.

2. Oui, _____, s'il te plaît.

3. Oui, j'ai froid. J'ai besoin _____.

4. Je l'ai mise _____.

5. Oui, demandez à _____.

6. Oui, _____, s'il vous plaît.

7. Bien sûr, _____.

8. Oui, passe-moi _____, s'il te plaît.

9. Je voudrais qu'on _____.

10. _____ dans ma chambre.

Nom _____ Date _____

3. Minidialogues **Minidialogue 1** Vous allez entendre deux dialogues. Après chaque dialogue, vous allez écouter une série de questions. D'abord, écoutez le premier dialogue.

. . .

Écoutez de nouveau le dialogue.

. . .

Maintenant, écoutez bien chaque question et marquez d'un cercle dans votre cahier la réponse que vous trouvez la plus logique.

1. a. Un oreiller.
   b. Un porte-manteau.
   c. Une couverture.

2. a. De baisser le chauffage.
   b. De mettre le chauffage.
   c. D'appeler un taxi.

3. a. Quatre fois.
   b. Trois fois.
   c. Deux fois.

4. a. Une serviette.
   b. Un autre oreiller.
   c. Son petit déjeuner.

5. a. Qu'il va bien dormir.
   b. Qu'il va baisser le chauffage.
   c. Qu'il ne va pas rester longtemps.

Minidialogue 2 Maintenant, écoutez le second dialogue.

. . .

Écoutez de nouveau le dialogue.

. . .

Maintenant, écoutez bien chaque question et marquez d'un cercle dans votre cahier la réponse que vous trouvez la plus logique.

1. a. Dans la chambre 73.
   b. Dans la chambre 113.
   c. Dans la chambre 76.

2. a. Parce qu'il va partir demain.
   b. Parce qu'il doit partir ce matin.
   c. Parce que l'hôtel va fermer.

3. a. Descendre les bagages.
   b. Mettre le chauffage.
   c. Servir le petit déjeuner.

4. a. De porter ses bagages.
   b. De téléphoner au standard.
   c. De lui appeler un taxi.

5. a. Dans un instant.
   b. Dans une heure.
   c. Demain matin.

4. Instructions Annabelle, une femme de chambre de l'Hôtel Chandor, a beaucoup de travail ce matin. Vous allez entendre deux fois ce que le gérant, Monsieur Bellambre, dit à Annabelle. Écoutez bien et inscrivez dans votre cahier toutes les choses qu'Annabelle doit faire ce matin.

. . .

Écoutez de nouveau les instructions de Monsieur Bellambre.

ANNABELLE — TRAVAIL À EFFECTUER				
numéro de la chambre 13	14	15	16	17
choses qu'Annabelle doit faire				

Langue et communication

Pratique orale 1 Vous allez entendre une série de phrases. Dans chaque phrase, une amie vous parle de certaines choses. Demandez-lui ses préférences. Pour répondre, utilisez chaque fois un pronom interrogatif et les informations de votre cahier. D'abord, écoutez le modèle.

▶ tu vas regarder

Il y a deux films très intéressants à la télé ce soir.
Lequel vas-tu regarder?

1. tu préfères
2. tu as besoin (de)
3. tu vas inviter
4. tu vas aller (à)
5. tu vas acheter
6. tu vas manger
7. tu as envie (de)
8. tu vas assister (à)

Pratique orale 2 Vous allez entendre certaines personnes dire qu'elles aiment bien certaines choses. Dites que vous préférez la chose qui est indiquée dans votre cahier. Chaque fois, utilisez le pronom démonstratif approprié. D'abord, écoutez le modèle.

▶ la robe de Stéphanie

J'aime bien la robe de Catherine.
Moi, je préfère celle de Stéphanie.

1. les boucles d'oreille de Camille
2. ce CD-là
3. la séance de 20 heures
4. les filles qui ont les cheveux courts
5. ces chaussures-là
6. les gens qui sont calmes
7. le pantalon que porte Luc
8. le climat de la Provence

Pratique orale 3 Vous allez entendre certaines personnes vous dire à qui sont certaines choses. Écoutez bien chaque phrase. Ensuite, dites que ces choses ne sont pas la propriété des personnes en question. D'abord, écoutez les modèles.

▶ Ce livre est à Jean-Jacques, n'est-ce pas?
Mais non, ce n'est pas le sien!

▶ Ces livres sont à Jean-Jacques, n'est-ce pas?
Mais non, ce ne sont pas les siens!

Unité 7. La forme et la santé

PARTIE 1

LISTENING/SPEAKING ACTIVITIES

Le français pratique: Une visite médicale

1. Compréhension orale Vous allez entendre une conversation. Ensuite, vous allez écouter une série de phrases concernant cette conversation. D'abord, écoutez la conversation.

. . .

Écoutez de nouveau la conversation.

. . .

Maintenant, écoutez bien chaque phrase et marquez dans votre cahier si elle est vraie ou fausse. Vous allez entendre chaque phrase deux fois.

	vrai	faux			vrai	faux
1.	❑	❑		6.	❑	❑
2.	❑	❑		7.	❑	❑
3.	❑	❑		8.	❑	❑
4.	❑	❑		9.	❑	❑
5.	❑	❑		10.	❑	❑

2. Réponses logiques Vous allez entendre une série de questions. Pour chaque question, la réponse est incomplète. Dans votre cahier, marquez d'un cercle le mot ou l'expression qui complète la réponse le plus logiquement. D'abord, écoutez le modèle.

▶ Comment ça va?
   . . . très bien.

a. J'aime	(b.) Je me porte	c. Je tousse
1. a. à la tête	b. ce médicament	c. chez l'oculiste
2. a. j'ai un rhume	b. je me sens bien	c. chez le médecin
3. a. la rougeole	b. une douleur dans la jambe	c. de la fièvre
4. a. j'ai de la fièvre	b. je suis en bonne santé	c. je vais chez le dentiste
5. a. mal à la gorge	b. un rhume	c. la varicelle
6. a. Je me sens bien.	b. J'ai pris rendez-vous.	c. J'ai pris ma température.
7. a. se sent déprimée	b. va revenir	c. a la rougeole
8. a. je tousse	b. j'ai mal à la gorge	c. j'ai mal au ventre
9. a. malades	b. fatigués	c. en bonne santé
10. a. je tousse beaucoup	b. deux fois par jour	c. j'ai un rendez-vous
11. a. une radio	b. une douleur	c. des cachets
12. a. une bronchite	b. un antibiotique	c. la pression

3. Instructions Vous allez entendre une conversation deux fois. Écoutez bien cette conversation. Ensuite, complétez la fiche médicale dans votre cahier.

. . .

Écoutez de nouveau la conversation.

---------------- *FICHE MÉDICALE* ----------------

Nom du patient/de la patiente: _____

Âge: _____

Maladies infantiles: _____

Symptômes: _____

_____

Recommandations: _____

_____

_____

4. Conversation Vous allez entendre une conversation. Écoutez bien cette conversation, puis répondez oralement aux questions posées. D'abord, écoutez la conversation.

. . .

Écoutez de nouveau la conversation.

. . .

Maintenant, répondez oralement aux questions suivantes. Vous allez entendre chaque question deux fois.

Langue et communication

Pratique orale 1 Vous allez entendre une série de phrases. Si on vous parle d'un fait, confirmez-le en commençant votre phrase par **Oui, je sais que . . .** ; si on vous parle d'une obligation, confirmez-la en commençant votre phrase par **Oui, il faut que . . .** D'abord, écoutez les modèles.

▶ Nous allons en Espagne.
   Oui, je sais que vous allez en Espagne.

▶ Nous devons parler espagnol.
   Oui, il faut que vous parliez espagnol.

Pratique orale 2 Vous allez entendre une série de phrases concernant certaines personnes. Dites que d'autres personnes font la même chose. D'abord, écoutez le modèle.

▶ Martin se plaint tout le temps. Et Hélène et Jean?
  Eux aussi, ils se plaignent tout le temps.

Pratique orale 3 Vous allez entendre une série de phrases concernant certains de vos amis. Ensuite, on va vous demander ce que pensent les parents de chaque situation. Pour répondre, utilisez les expressions de votre cahier. D'abord, écoutez le modèle.

▶ Michel est un bon élève. Que pensent ses parents?
  Ils sont contents qu'il soit un bon élève.

1. être triste

2. être furieux

3. être ravi

4. avoir peur

5. déplorer

6. être fier

7. être content

8. être surpris

Pratique orale 4 Votre soeur fait toujours des compliments sur son amie Catherine. Écoutez ce qu'elle dit. Après chaque phrase, dites votre opinion en utilisant les expressions de doute et de certitude dans votre cahier. D'abord, écoutez le modèle.

▶ Il est certain que . . .

  Catherine est très jolie.
  Il est certain qu'elle est très jolie.

1. Je ne suis pas sûr(e) que . . .

2. Je ne pense pas que . . .

3. Il est vrai que . . .

4. Je sais que . . .

5. Je ne crois pas que . . .

6. Je doute que . . .

7. Il est possible que . . .

8. Il est évident que . . .

PARTIE 2

LISTENING/SPEAKING ACTIVITIES

Le français pratique: Accidents et soins dentaires

1. Compréhension orale Vous allez entendre une conversation entre deux jeunes Français. Ensuite, vous allez écouter une série de phrases concernant cette conversation. D'abord, écoutez la conversation.

. . .

Écoutez de nouveau la conversation.

. . .

Maintenant, écoutez bien chaque phrase et marquez dans votre cahier si elle est vraie ou fausse. Vous allez entendre chaque phrase deux fois.

	vrai	faux			vrai	faux
1.	❑	❑		6.	❑	❑
2.	❑	❑		7.	❑	❑
3.	❑	❑		8.	❑	❑
4.	❑	❑		9.	❑	❑
5.	❑	❑		10.	❑	❑

2. Échanges Vous allez entendre une série d'échanges. Chaque échange consiste en une question et une réponse. Écoutez bien chaque échange, puis complétez la réponse dans votre cahier. Vous allez entendre chaque réponse deux fois. D'abord, écoutez le modèle.

▶ Cette femme est blessée?

 Oui, il faut la transporter _à l'hôpital_ .

1. Oui, elle _____ le genou.

2. Oui, je dois aller _____ .

3. Oui, _____ .

4. Parce que _____ .

5. Parce que je dois vous _____ .

6. Parce qu' _____ .

7. Oui, on va me faire _____ .

8. Oui, je vais te _____ .

9. Oui, _____ en faisant la cuisine.

10. Il va me faire _____ .

3. Questions Vous allez entendre une série de questions. Regardez les dessins dans votre cahier et répondez aux questions. D'abord, écoutez le modèle.

▶ Qu'est-ce qui est arrivé à Émilie?
Elle s'est foulé la cheville.

4. Minidialogues **Minidialogue 1** Vous allez entendre deux dialogues. Après chaque dialogue, vous allez écouter une série de questions. Chaque dialogue et chaque question vont être répétés. D'abord, écoutez le premier dialogue.

. . .

Écoutez de nouveau le dialogue.

. . .

Maintenant, écoutez bien chaque question et marquez d'un cercle dans votre cahier la réponse que vous trouvez la plus logique.

1. a. À la gorge.   b. À une dent.   c. À la tête.

2. a. Un plombage.   b. Une radio.   c. Une piqûre.

3. a. À l'épaule.   b. À une dent de sagesse.   c. À l'hôpital.

4. a. Une carie.   b. Un plombage.   c. Une radio.

5. a. De vomir.   b. De se casser la dent.   c. D'avoir mal.

6. a. Un pansement.   b. Une piqûre de novocaïne.   c. Des points de suture.

Minidialogue 2 Maintenant, écoutez le second dialogue.

. . .

Écoutez de nouveau le dialogue.

. . .

Maintenant, écoutez bien chaque question et marquez d'un cercle dans votre cahier la réponse que vous trouvez la plus logique.

1. a. Un plâtre.
   b. Des points de suture.
   c. Un gros pansement.

2. a. De l'escalade.
   b. De l'espagnol.
   c. Une promenade.

3. a. À l'hôpital.
   b. Chez le dentiste.
   c. Chez lui.

4. a. Une piqûre.
   b. Des radios.
   c. Des béquilles.

5. a. Au cou.
   b. Au coude.
   c. Au genou.

6. a. De se brûler et de se couper.
   b. De se casser la jambe.
   c. De se fouler le poignet.

5. Situation Vous allez participer à une conversation en répondant à certaines questions. D'abord, écoutez la conversation incomplète jusqu'à la fin. Ne répondez pas aux questions. Écoutez.

. . .

Écoutez de nouveau la conversation. Cette fois, jouez le rôle de l'infirmière et répondez aux questions du médecin. Pour répondre aux questions, regardez la fiche d'admission dans votre cahier. Répondez après le signal sonore.

HÔPITAL PIERRE CURIE

FICHE D'ADMISSION

Service des accidentés

....

DATE: 3 mai 2006

NOM DU PATIENT/DE LA PATIENTE:

Janine TRABERT

ÂGE: 75 ans

NUMÉRO DE CHAMBRE: 53

ÉTAT DU/DE LA MALADE: brûlures aux bras et à la jambe gauche — fracture du genou droit — blessure légère au front — pas de fièvre — tension normale

PREMIERS SOINS EFFECTUÉS: radio des genoux — pansement au front

Langue et communication

Pratique orale Vous allez entendre certaines personnes dire que certaines choses sont arrivées. Dites que vous êtes **ravi(e)** ou **désolé(e)** que ces choses soient arrivées. Soyez logique. D'abord, écoutez le modèle.

▶ J'ai réussi à mon examen.
   Je suis ravi(e) que tu aies réussi à ton examen.

Unité 8. En ville

PARTIE 1

LISTENING/SPEAKING ACTIVITIES

Le français pratique: Un rendez-vous en ville

1. Compréhension orale Vous allez entendre une conversation entre deux jeunes Françaises. Ensuite, vous allez écouter une série de phrases concernant cette conversation. D'abord, écoutez la conversation.

. . .

Écoutez de nouveau la conversation.

. . .

Maintenant, écoutez bien chaque phrase et marquez dans votre cahier si elle est vraie ou fausse. Vous allez entendre chaque phrase deux fois.

	vrai	faux			vrai	faux
1.	☐	☐	6.		☐	☐
2.	☐	☐	7.		☐	☐
3.	☐	☐	8.		☐	☐
4.	☐	☐	9.		☐	☐
5.	☐	☐	10.		☐	☐

2. Échanges Vous allez entendre une série d'échanges. Chaque échange consiste en une question et une réponse. Écoutez bien chaque échange, puis complétez la réponse dans votre cahier. Vous allez entendre chaque réponse deux fois. D'abord, écoutez le modèle.

▶ Tu veux venir au ciné, ce soir?

Non, *j'ai un rendez-vous avec* **Pierre.**

1. Non, je regrette. _____.

2. Oui, _____ hier au stade.

3. Il se trouve _____, mademoiselle.

4. Oui, _____ à sept heures.

5. Tes clés? Attends . . . Je les ai vues _____.

6. Allons _____ ensemble.

7. Non, je n'oublie pas. _____, alors.

8. _____!

9. Non. _____ d'un garçon très sympa.

10. J'habite _____.

3. Conversation Vous allez entendre une conversation entre deux copains, Éric et Paul. Écoutez bien cette conversation, puis répondez aux questions posées.

. . .

Écoutez de nouveau la conversation.

. . .

Maintenant, répondez oralement aux questions suivantes. Vous allez entendre chaque question deux fois.

4. Instructions Vous allez entendre une conversation entre Robert et Jacqueline Lambert. Vous allez écouter cette conversation deux fois. Écoutez bien et notez les activités de chacun pour le week-end dans votre cahier.

. . .

Écoutez de nouveau la conversation.

SAMEDI	DIMANCHE
8h	8h
9h	9h
10h	10h
11h	11h
12h	12h
13h	13h
14h	14h
15h	15h
16h	16h
17h	17h
18h	18h
19h	19h
20h	20h

Langue et communication

Pratique orale 1 Joël aimerait bien changer certaines choses dans sa vie. Écoutez ce qu'il aimerait faire ou avoir. Ensuite, jouez le rôle de Joël et transformez chaque phrase en commençant votre réponse par **Ah, si . . .** Utilisez l'imparfait dans vos phrases. D'abord, écoutez le modèle.

▶ Joël aimerait avoir plus d'argent.
   Ah, si j'avais plus d'argent!

Pratique orale 2 Vous allez entendre certaines personnes vous dire ce qu'elles ou d'autres personnes ont fait cet été. Demandez-leur si elles avaient fait les mêmes choses l'été d'avant. D'abord, écoutez le modèle.

▶ L'été dernier, je suis resté chez moi.
   Et l'été d'avant, tu étais resté chez toi aussi?

PARTIE 2

LISTENING/SPEAKING ACTIVITIES

Le français pratique: Comment expliquer où on habite

1. Compréhension orale Vous allez entendre la lettre que Stéphanie a écrite à sa correspondante américaine. Ensuite, vous allez écouter une série de phrases concernant cette lettre. D'abord, écoutez bien le texte de la lettre.

. . .

Écoutez de nouveau le texte de la lettre.

. . .

Maintenant, écoutez bien chaque phrase et marquez dans votre cahier si elle est vraie ou fausse. Vous allez entendre chaque phrase deux fois.

	vrai	faux			vrai	faux
1.	❑	❑		6.	❑	❑
2.	❑	❑		7.	❑	❑
3.	❑	❑		8.	❑	❑
4.	❑	❑		9.	❑	❑
5.	❑	❑		10.	❑	❑

2. Réponses logiques Vous allez entendre une série de questions. Pour chaque question, la réponse est incomplète. Dans votre cahier, marquez d'un cercle le mot ou l'expression qui complète la réponse le plus logiquement. D'abord, écoutez le modèle.

▶ Où est-ce que tu habites?
   J'habite . . .

	a. le centre de loisirs	**b. dans la rue Victor Hugo**	**c. en taxi**
1. a.	au musée	b. à pied	c. dans la banlieue
2. a.	tout près	b. en bus	c. à cinq kilomètres
3. a.	dans la banlieue	b. dans un immeuble	c. dans le quartier
4. a.	à la bibliothèque	b. à pied	c. au centre-ville
5. a.	il faut prendre le bus	b. à cent mètres	c. tout près
6. a.	dans une tour	b. dans un quartier calme	c. dans un appartement
7. a.	loin d'ici	b. dans une maison individuelle	c. à dix minutes à pied
8. a.	à la station-service	b. chez le coiffeur	c. au centre sportif
9. a.	au parc	b. à la poste	c. au centre commercial
10. a.	jardins publics	b. bus	c. tours

3. Questions Vous allez entendre une série de questions. Regardez le plan du quartier dans votre cahier pour répondre à ces questions. D'abord, écoutez le modèle.

▶ Où se trouve la mairie, s'il vous plaît?
À l'angle de la rue Albert Camus et de la rue de la Paix.

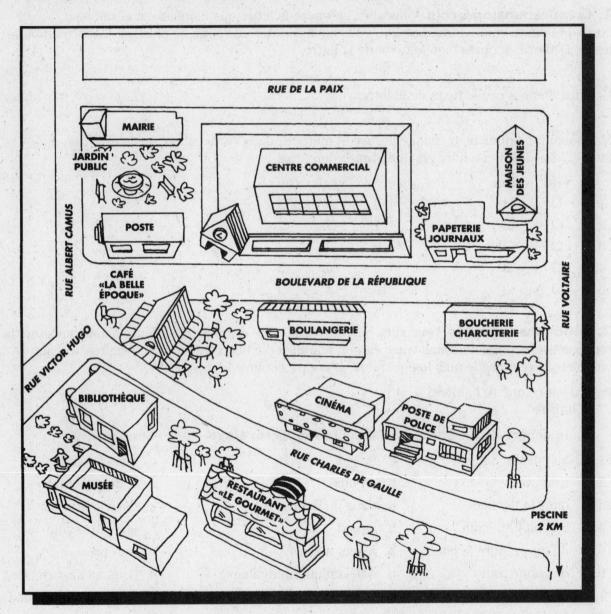

4. Minidialogues **Minidialogue 1** Vous allez entendre deux dialogues. Après chaque dialogue, vous allez écouter une série de questions. Chaque dialogue et chaque question vont être répétés. D'abord, écoutez le premier dialogue.

. . .

Écoutez de nouveau le dialogue.

. . .

Maintenant, écoutez bien chaque question et marquez d'un cercle dans votre cahier la réponse que vous trouvez la plus logique.

1. a. À la campagne.
   b. En ville.
   c. En bus.

2. a. À la poste et chez le teinturier.
   b. Au poste de police.
   c. Au centre commercial.

3. a. Au centre de loisirs.
   b. Au centre sportif.
   c. Au centre commercial.

4. a. À pied.
   b. En bus.
   c. À midi.

5. a. Au centre commercial.
   b. À la poste.
   c. Devant la pizzéria.

6. a. Près de la poste.
   b. Dans le centre commercial.
   c. À pied.

Minidialogue 2 Maintenant, écoutez le second dialogue.

. . .

Écoutez de nouveau le dialogue.

. . .

Maintenant, écoutez bien chaque question et marquez d'un cercle dans votre cahier la réponse que vous trouvez la plus logique.

1. a. Dans une maison individuelle.
   b. Dans la banlieue.
   c. Dans un appartement.

2. a. Dans une maison individuelle.
   b. Dans une tour.
   c. Dans un immeuble.

3. a. Oui, à dix kilomètres.
   b. Non, à dix minutes à pied.
   c. Non, mais il doit prendre le bus.

4. a. Il y a beaucoup de bruit.
   b. Il y a beaucoup de commerces.
   c. Il y a beaucoup de bus.

5. a. Il y a trop de bruit.
   b. Il y a trop d'enfants.
   c. Il n'y a pas de bus.

6. a. À pied.
   b. En métro.
   c. En bus.

5. Situation Vous allez participer à une conversation en répondant à certaines questions. D'abord, écoutez la conversation incomplète jusqu'à la fin. Ne répondez pas aux questions. Écoutez.

. . .

Écoutez de nouveau la conversation. Cette fois, jouez le rôle de la réceptionniste de l'Hôtel Bonrepos et répondez aux questions du touriste. Pour répondre aux questions, regardez le plan de la ville dans votre cahier. Répondez après le signal sonore.

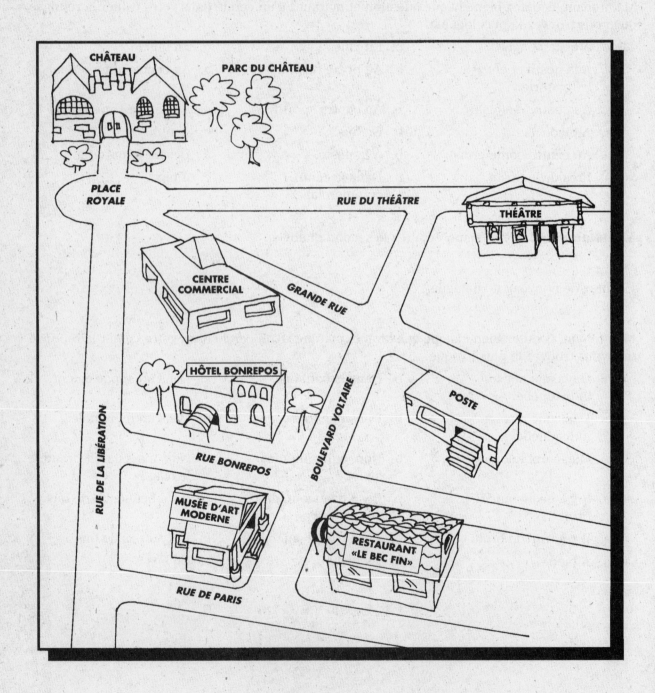

Langue et communication

Pratique orale 1 Un ami va vous demander ce que vous feriez dans certaines situations. Répondez à ses questions en utilisant les informations dans votre cahier. D'abord, écoutez le modèle.

▶ visiter la Californie

Si tu allais aux États-Unis, quelle région voudrais-tu visiter?
Si j'allais aux États-Unis, je voudrais visiter la Californie.

1. faire de la planche à voile toute la journée
2. m'acheter un bateau
3. aller en Chine
4. visiter le Louvre
5. offrir des cadeaux à ma famille et à mes amis
6. en parler à mes parents
7. ne pas être fâché
8. choisir un ordinateur
9. venir avec plaisir
10. te téléphoner souvent

Pratique orale 2 Votre ami Olivier n'est pas très poli. Écoutez bien ce qu'il dit et transformez chacune de ses phrases en utilisant le conditionnel pour les rendre plus polies. D'abord, écoutez le modèle.

▶ Je veux un café.
Je voudrais un café.

PARTIE 3

LISTENING/SPEAKING ACTIVITIES

Langue et communication

Pratique orale 1 Vous allez entendre certaines personnes vous dire ce qu'elles ou d'autres personnes ont fait. Dites ce que vous auriez fait à la place de ces personnes. Pour répondre, utilisez les informations dans votre cahier. D'abord, écoutez le modèle.

▶ aller au concert

Hier, je suis allé au concert.
À ta place, je serais allé(e) au cinéma.

1. aller à la piscine
2. me promener en ville
3. regarder un film à la télé
4. aller en forêt
5. m'acheter des cassettes

6. visiter l'Italie
7. faire plus attention
8. l'inviter à prendre un pot
9. me dépêcher
10. manger du poulet et des frites

Pratique orale 2 Votre amie Pauline aime beaucoup faire des suppositions. Écoutez les questions qu'elle vous pose. Pour répondre, utilisez les informations dans votre cahier. Faites bien attention au temps des verbes. D'abord, écoutez les modèles.

▶ je / partir en voyage

Si tu réussis à ton examen . . .?
Je partirai en voyage.

▶ je / travailler pendant les vacances

Mais si tu ne réussissais pas?
Je travaillerais pendant les vacances.

▶ je / réussir à mon examen l'année dernière

Et si tu avais travaillé plus?
J'aurais réussi à mon examen l'année dernière.

1. je / être content
2. je / inviter quelqu'un d'autre
3. elle / être fâchée
4. nous / aller faire un pique-nique
5. nous / aller au cinéma
6. nous / aller à la plage

7. je / faire de la planche à voile
8. je / rester à la maison pour travailler
9. je / me promener dans la forêt
10. je / m'acheter un vélo
11. je / ne pas être étonné
12. je / avoir plus de chances de gagner

Unité 9. Les relations personnelles

PARTIE 1

LISTENING/SPEAKING ACTIVITIES

Le français pratique: Les amis, les copains et les relations personnelles

1. Compréhension orale Vous allez entendre une conversation entre Pierre et Nathalie. Ensuite, vous allez écouter une série de phrases concernant cette conversation. D'abord, écoutez la conversation.

. . .

Écoutez de nouveau la conversation.

. . .

Maintenant, écoutez bien chaque phrase et marquez dans votre cahier si elle est vraie ou fausse. Vous allez entendre chaque phrase deux fois.

	vrai	faux			vrai	faux
1.	☐	☐	6.		☐	☐
2.	☐	☐	7.		☐	☐
3.	☐	☐	8.		☐	☐
4.	☐	☐	9.		☐	☐
5.	☐	☐	10.		☐	☐

2. Réponses logiques Vous allez entendre une série de questions. Pour chaque question, la réponse est incomplète. Dans votre cahier, marquez d'un cercle le mot ou l'expression qui complète la réponse le plus logiquement. D'abord, écoutez le modèle.

▶ Virginie est ton amie?
  Oui, j'ai vraiment . . .

a. de la jalousie pour elle	**b. de l'aversion pour elle**	**c.⃝ une confiance absolue en elle**
1. a. un ami	b. une connaissance	c. de bonnes relations
2. a. de l'admiration	b. de l'animosité	c. de la chance
3. a. de l'antipathie pour lui	b. le coup de foudre pour lui	c. de la sympathie pour lui
4. a. ont de bonnes relations	b. se disputent souvent	c. sont toujours d'accord
5. a. une camarade	b. jalousie	c. une bonne nouvelle
6. a. Félicitations!	b. Ma pauvre!	c. Quel dommage!
7. a. Il n'a pas de chance!	b. Il n'a pas d'ami.	c. Il n'a pas confiance.
8. a. Je suis désolé!	b. Quelle malchance!	c. Quelle bonne nouvelle!
9. a. Nous nous disputons souvent.	b. Nous avons de mauvais rapports.	c. Je suis toujours d'accord avec lui.
10. a. Je le plains.	b. Je me réjouis pour lui.	c. Félicitations!

3. Questions Vous allez entendre une série de questions concernant les relations qui existent entre certaines personnes. Regardez les dessins dans votre cahier pour répondre à ces questions. D'abord, écoutez le modèle.

être amoureux

Quel sentiment est-ce que Roméo éprouve pour Juliette?
Il est amoureux d'elle.

1.

être une connaissance

2.

s'entendre mal

3.

être amoureuse (de)

4.

avoir de mauvais rapports

5.

avoir de bonnes relations (avec)

6.

se disputer

7.

être un camarade

8.

éprouver de l'envie

4. Minidialogues

Minidialogue 1 Vous allez entendre deux dialogues. Après chaque dialogue, vous allez écouter une série de questions. Chaque dialogue et chaque question vont être répétés. D'abord, écoutez le premier dialogue.

. . .

Écoutez de nouveau le dialogue.

. . .

Maintenant, écoutez bien chaque question et marquez d'un cercle dans votre cahier la réponse que vous trouvez la plus logique.

1. a. Elles s'entendent mal.
   b. Elles se disputent.
   c. Elles sont des amies.

2. a. Non, elle est jalouse de Julien.
   b. Non, c'est une camarade.
   c. Non, elle n'aime pas Julien.

3. a. Il éprouve de l'antipathie pour elle.
   b. Il éprouve de la jalousie pour elle.
   c. Il éprouve de la sympathie pour elle.

4. a. Elle s'est disputée avec Julien.
   b. Elle s'est réconciliée avec Julien.
   c. Elle a eu le coup de foudre pour Julien.

5. a. Oui, car il est amoureux d'elle aussi.
   b. Non, il pense qu'il n'a pas de chance.
   c. Oui, il pense qu'il a de la chance.

Minidialogue 2 Maintenant, écoutez le second dialogue.

. . .

Écoutez de nouveau le dialogue.

. . .

Maintenant, écoutez bien chaque question et marquez d'un cercle dans votre cahier la réponse que vous trouvez la plus logique.

1. a. Elle lui annonce que Sophie et Corinne se sont disputées.
   b. Elle lui annonce que Sophie et Corinne se sont réconciliées.
   c. Elle lui annonce qu'elle s'est fâchée avec Sophie.

2. a. Il est désolé.
   b. Il se fâche.
   c. Il se réjouit pour elles.

3. a. Il ne se rappelle plus pourquoi elles s'étaient disputées.
   b. Il ne se rappelle plus qui a dit la vérité.
   c. Il ne se rappelle plus qui a commencé la dispute.

4. a. Elles ont de très bonnes relations.
   b. Elles s'entendent bien.
   c. Elles n'ont pas de très bonnes relations.

5. a. Il pense qu'elle éprouve de l'envie.
   b. Il pense qu'elle éprouve un peu de jalousie.
   c. Il pense qu'elle éprouve de l'antipathie.

6. a. Il pense qu'elles sont des bonnes amies.
   b. Il pense qu'elles vont se réconcilier.
   c. Il pense qu'elles aiment peut-être se disputer.

5. Situation Vous allez participer à une conversation en répondant à certaines questions. D'abord, écoutez la conversation incomplète jusqu'à la fin. Ne répondez pas aux questions. Écoutez.

. . .

Écoutez de nouveau la conversation. Cette fois, jouez le rôle d'Alexandra et répondez aux questions de Philippe. Pour répondre aux questions, regardez les dessins dans votre cahier. Répondez après le signal sonore.

Langue et communication

Pratique orale 1 Un ami va vous parler des relations qui existent entre certaines personnes, ou entre vous et certaines personnes. Confirmez ce qu'il vous dit. Pour lui répondre, utilisez chaque fois un verbe réfléchi de sens réciproque. D'abord, écoutez le modèle.

▶ J'invite souvent Clara et Clara m'invite souvent.
   C'est vrai, vous vous invitez souvent.

Pratique orale 2 Vous allez entendre une série d'informations concernant Éric, un camarade que vous ne connaissez pas très bien. Chaque information consiste en deux phrases. Avec ces deux phrases, formez une seule phrase, en utilisant un pronom relatif. D'abord, écoutez le modèle.

▶ Éric est un bon copain. Il habite près d'ici.
   Éric est un bon copain qui habite près d'ici.

Pratique orale 3 Vous allez entendre une série d'informations concernant Sylvie, une de vos amies. Chaque information consiste en deux phrases. Avec ces deux phrases, formez une seule phrase, en utilisant le pronom relatif **dont.** D'abord, écoutez le modèle.

▶ Sylvie a rencontré un garçon. Elle est tombée amoureuse de ce garçon.
   Sylvie a rencontré un garçon dont elle est tombée amoureuse.

PARTIE 2

LISTENING/SPEAKING ACTIVITIES

Le français pratique: Les phases de la vie

1. Compréhension orale Vous allez entendre une conversation entre Rémi et le directeur de la Maison des Jeunes. Ensuite, vous allez écouter une série de phrases concernant cette conversation. D'abord, écoutez la conversation.

. . .

Écoutez de nouveau la conversation.

. . .

Maintenant, écoutez bien chaque phrase et marquez dans votre cahier si elle est vraie ou fausse. Vous allez entendre chaque phrase deux fois.

	vrai	faux			vrai	faux
1.	❑	❑		6.	❑	❑
2.	❑	❑		7.	❑	❑
3.	❑	❑		8.	❑	❑
4.	❑	❑		9.	❑	❑
5.	❑	❑		10.	❑	❑

2. Échanges Vous allez entendre une série d'échanges. Chaque échange consiste en une question et une réponse. Écoutez bien chaque échange, puis complétez la réponse dans votre cahier. Vous allez entendre chaque réponse deux fois. D'abord, écoutez le modèle.

▶ Quelle est votre date de naissance?

Je suis né **le 4 septembre 1957.**

1. J'ai passé _____ à la campagne.

2. Oui, maintenant, _____.

3. Oui, ils ont décidé de _____.

4. Non, il est toujours _____.

5. Il faut bien _____!

6. Non, _____ le deuxième jour.

7. Oui, ils vont _____ le mois prochain.

8. Non, il vient de _____.

9. Je viens d' _____.

10. Comment? Tu ne savais pas? Le pauvre, _____
   le mois dernier.

3. Conversation Vous allez entendre une conversation entre deux amis, Jean-Pierre Darmon et Jacques Favier. Écoutez bien cette conversation, puis répondez aux questions posées.

. . .

Écoutez de nouveau la conversation.

. . .

Maintenant, répondez oralement aux questions suivantes. Vous allez entendre chaque question deux fois.

4. Instructions Vous allez entendre une jeune fille vous parler de sa grand-mère, Rose Lamont. Imaginez que vous devez écrire un article sur cette femme. Écoutez bien et notez dans votre cahier les moments importants de la vie de Rose Lamont. Vous allez entendre la description deux fois.

. . .

Écoutez de nouveau la description de la vie de Rose Lamont.

LA VIE D'UNE FEMME EXTRAORDINAIRE: ROSE LAMONT

1933 : _____

1951 : _____

1956 : _____

1957 : _____

1958: _____

1960 : _____

1961 : _____

1963 : _____

1965 : _____

maintenant : _____

Langue et communication

Pratique orale 1 Vous allez jouer aux devinettes *(a guessing game)* avec une amie. D'abord, regardez dans votre cahier l'objet que vous devez lui faire deviner. Ensuite, vous allez écouter une série de phrases. Transformez chaque phrase en commençant par **C'est un objet . . .** et utilisez le pronom relatif approprié. D'abord, écoutez le modèle.

▶ On utilise cet objet tous les jours.
   C'est un objet qu'on utilise tous les jours.

Pratique orale 2 Votre amie Nathalie voudrait vous parler, mais elle est un peu timide. Encouragez-la. Dans chaque phrase, utilisez **ce qui, ce que** ou **ce dont.** D'abord, écoutez le modèle.

▶ Il m'est arrivé quelque chose.
   Dis-moi ce qui t'est arrivé.

Unité 10. Vers la vie active

PARTIE 1

LISTENING/SPEAKING ACTIVITIES

Le français pratique: Études ou travail?

1. Compréhension orale Vous allez entendre une conversation entre deux amis, Nicole et Louis. Ensuite, vous allez écouter une série de phrases concernant cette conversation. D'abord, écoutez la conversation.

. . .

Écoutez de nouveau la conversation.

. . .

Maintenant, écoutez bien chaque phrase et marquez dans votre cahier si elle est vraie ou fausse. Vous allez entendre chaque phrase deux fois.

	vrai	faux		vrai	faux
1.	☐	☐	6.	☐	☐
2.	☐	☐	7.	☐	☐
3.	☐	☐	8.	☐	☐
4.	☐	☐	9.	☐	☐
5.	☐	☐	10.	☐	☐

2. Réponses logiques Vous allez entendre une série de questions. Pour chaque question, la réponse est incomplète. Dans votre cahier, marquez d'un cercle le mot ou l'expression qui complète la réponse le plus logiquement. D'abord, écoutez le modèle.

▶ Ton père travaille dans la finance, n'est-ce pas?
   Oui, il est . . .

   (a.) **agent de change**   b. **pharmacien**   c. **agent immobilier**

1. a. pharmacien   b. fonctionnaire   c. informaticien

2. a. elle est infirmière   b. elle est secrétaire   c. elle est vétérinaire

3. a. des études commerciales   b. des études littéraires   c. des langues étrangères

4. a. il est représentant de commerce   b. il est agent d'assurances   c. il est fonctionnaire

5. a. le patron   b. le chef du personnel   c. diplomate

6. a. chercher du travail   b. étudier la médecine   c. faire des études de droit

7. a. se spécialiser en informatique   b. faire des études de droit   c. gagner sa vie

8. a. il veut être dentiste   b. il étudie la philosophie   c. il se spécialise en comptabilité

9. a. le dessin   b. l'informatique   c. la chimie

10. a. devenir fonctionnaire   b. faire des études vétérinaires   c. travailler dans la publicité

3. Questions Vous allez entendre une série de questions concernant la profession ou les études de certaines personnes. Écoutez bien et regardez les dessins dans votre cahier pour répondre à ces questions. D'abord, écoutez le modèle.

▶ Est-ce que Monsieur Dupont est ingénieur?
Non, il est dentiste.

4. Conversation Vous allez entendre une conversation entre deux jeunes filles, Barbara et Cécile. Écoutez bien cette conversation, puis répondez aux questions posées.

. . .

Écoutez de nouveau la conversation.

. . .

Maintenant, répondez oralement aux questions suivantes. Vous allez entendre chaque question deux fois.

Langue et communication

Pratique orale 1 Les parents disent souvent aux enfants ce qu'ils doivent faire. Vous allez entendre une série de phrases à l'impératif. Continuez chaque phrase en utilisant la préposition **pour, avant de** ou **sans** et l'expression dans votre cahier. D'abord, écoutez le modèle.

▶ sortir

Mets ton manteau!
Mets ton manteau avant de sortir!

1. aller jouer

2. se mettre à table

3. se brosser les dents

4. devenir grand

5. s'habiller

6. prendre ses gants

7. ne pas être en retard

8. être en forme demain

9. venir dîner

10. faire trop de bruit

Pratique orale 2 Vous allez entendre une série de phrases. Transformez ces phrases en utilisant un infinitif passé. D'abord, écoutez le modèle.

▶ Hélène est furieuse parce qu'elle a raté son train.
Hélène est furieuse d'avoir raté son train.

Pratique orale 3 Vous allez entendre ce qui est arrivé à certaines personnes dans certaines circonstances. Transformez les phrases que vous entendez en utilisant un participe présent. D'abord, écoutez le modèle.

▶ Tu coupais le pain. Tu t'es blessé(e).
Tu t'es blessé(e) en coupant le pain.

PARTIE 2

LISTENING/SPEAKING ACTIVITIES

Le français pratique: La vie professionnelle

1. Compréhension orale Vous allez entendre une conversation entre deux amies, Laura et Julie. Ensuite, vous allez écouter une série de phrases concernant cette conversation. D'abord, écoutez la conversation.

. . .

Écoutez de nouveau la conversation.

. . .

Maintenant, écoutez bien chaque phrase et marquez dans votre cahier si elle est vraie ou fausse. Vous allez entendre chaque phrase deux fois.

	vrai	faux		vrai	faux
1.	☐	☐	6.	☐	☐
2.	☐	☐	7.	☐	☐
3.	☐	☐	8.	☐	☐
4.	☐	☐	9.	☐	☐
5.	☐	☐	10.	☐	☐

2. Échanges Vous allez entendre une série d'échanges. Chaque échange consiste en une question et une réponse. Écoutez bien chaque échange, puis complétez la réponse dans votre cahier. Vous allez entendre chaque réponse deux fois. D'abord, écoutez le modèle.

▶ Où voudrais-tu travailler?

Je voudrais travailler *dans une banque*.

1. Il travaille _____.

2. Non, il travaille dans _____.

3. J'aimerais travailler dans une _____.

4. Non, il _____.

5. Oui, il y a _____.

6. Oui, elle a _____.

7. Il faut avoir _____.

8. Non, elle cherche un emploi _____.

9. Je sais _____.

10. Attends! Je dois d'abord _____.

3. Minidialogues **Minidialogue 1** Vous allez entendre deux dialogues. Après chaque dialogue, vous allez écouter une série de questions. Chaque dialogue et chaque question vont être répétés. D'abord, écoutez le premier dialogue.

. . .

Écoutez de nouveau le dialogue.

. . .

Maintenant, écoutez bien chaque question et marquez d'un cercle dans votre cahier la réponse que vous trouvez la plus logique.

1. a. Il fait la vaisselle.
   b. Il travaille.
   c. Il prépare le dîner.

2. a. Au théâtre.
   b. Au restaurant.
   c. Au travail.

3. a. Parce qu'il a trouvé un stage.
   b. Parce qu'il a trouvé de l'argent.
   c. Parce qu'il a gagné à la loterie.

4. a. Un poste de diplomate.
   b. Un poste d'ingénieur.
   c. Un poste de chercheur en laboratoire.

5. a. Avec Jacques.
   b. Avec le directeur du personnel.
   c. Avec sa soeur Michèle.

6. a. Parce qu'il n'a jamais de chance.
   b. Parce qu'il n'a pas de qualifications personnelles.
   c. Parce qu'il n'a pas d'expérience professionnelle.

7. a. Un emploi stable.
   b. Un beau cadeau.
   c. Une chaise et une table.

Minidialogue 2 Maintenant, écoutez le second dialogue.

. . .

Écoutez de nouveau le dialogue.

. . .

Maintenant, écoutez bien chaque question et marquez d'un cercle dans votre cahier la réponse que vous trouvez la plus logique.

1. a. Dans le service informatique.
   b. Parce qu'il n'a pas de relations publiques.
   c. Dans le service du personnel.

2. a. Sur ses qualifications personnelles.
   b. Sur son expérience professionnelle.
   c. Sur ses études universitaires.

3. a. Des études de comptabilité.
   b. Des études scientifiques.
   c. Des études techniques.

4. a. Un emploi de représentant.
   b. Un emploi de comptable.
   c. Un emploi de chef du personnel.

5. a. Un emploi de représentant.
   b. Un emploi de comptable.
   c. Un emploi de chef du personnel.

6. a. Sa photo.
   b. Son curriculum vitae et une photo.
   c. Son curriculum vitae et une lettre de motivation.

4. Instructions Deux de vos amis cherchent du travail. Le premier a fait des études de marketing. Le deuxième voudrait travailler dans la publicité. Vous allez entendre deux annonces qui pourraient les intéresser. Chaque annonce sera répétée. Écoutez bien et notez dans votre cahier les informations importantes de chaque annonce.

ANNONCE NUMÉRO 1

Nom de la compagnie: _____

Type de compagnie: _____

Genre d'emploi proposé: _____

Profil souhaité (formation, expérience professionnelle, etc.): _____
_____
_____

Avantages du poste proposé: _____
_____

Pour poser sa candidature: _____
_____
_____

Écoutez de nouveau l'annonce.

ANNONCE NUMÉRO 2

Nom de la compagnie: _____

Type de compagnie: _____

Genre d'emploi proposé: _____

Profil souhaité (formation, expérience professionnelle, etc.): _____
_____
_____

Avantages du poste proposé: _____
_____

Pour poser sa candidature: _____
_____
_____

Écoutez de nouveau l'annonce.

5. Situation Vous allez participer à une conversation en répondant à certaines questions. D'abord, écoutez la conversation incomplète jusqu'à la fin. Ne répondez pas aux questions. Écoutez.

. . .

Écoutez de nouveau la conversation. Cette fois, jouez le rôle d'Alain et répondez aux questions du chef du personnel. Pour répondre aux questions, regardez le curriculum vitae d'Alain qui se trouve dans votre cahier. Répondez après le signal sonore.

Alain CHAPUIS
13, rue Voltaire
78100 VERSAILLES
Tél: 01.39.61.12.94

Études: - *Baccalauréat scientifique (1988)*

        - *Études universitaires: École Nationale d'Informatique (1988–1992);*

           diplôme d'ingénieur informaticien (1992)

Expérience professionnelle: - *Spécialiste de données chez INFONOR (1993–1996)*

        - *Spécialiste de logiciel chez LOGISTICA (1996–2000)*

Langues: - *anglais (très bon niveau)*

       - *espagnol (notions)*

Loisirs: - *voyages (nombreux voyages en Amérique du Nord)*

       - *sport (natation, alpinisme, snowboard)*

       - *jeux vidéo, échecs*

Divers: - *32 ans*

       - *célibataire*

Langue et communication

Pratique orale 1 Vous allez entendre certaines personnes vous parler de leurs projets. Transformez chaque phrase que vous entendez en ajoutant la restriction ou la condition dans votre cahier. Utilisez **à moins que . . .** ou **à condition que . . .** dans vos phrases. D'abord, écoutez le modèle.

▶ tu / aller avec elle

Alice va sortir seule.
Alice va sortir seule à moins que tu ailles avec elle.

1. il / pleuvoir

2. il / avoir assez d'argent

3. tu / me prêter ta radiocassette

4. elles / finir leurs devoirs

5. Paul / vous raccompagner en voiture

6. tu / préférer aller à la pizzéria

7. Luc / devoir travailler

8. ta chambre / être bien rangée

Pratique orale 2 Vous allez entendre ce que certaines personnes vont faire, et pourquoi elles vont faire ces choses. Transformez les phrases que vous entendez en utilisant **pour** + infinitif ou **pour que** + subjonctif. D'abord, écoutez les modèles.

▶ Je vais sortir. Je veux acheter le journal.
Je vais sortir pour acheter le journal.

▶ Donne de l'argent aux enfants. Ils veulent aller au cinéma.
Donne de l'argent aux enfants pour qu'ils aillent au cinéma.

À votre tour!

Unité 1. Au jour le jour

VIDÉO-DRAME: Bonjour, Monsieur Pasquier

Activité 1. Anticipez un peu!

Avant la vidéo

Complétez le paragraphe avec les mots de l'encadré pour découvrir ce qui se passe dans cet épisode de la vidéo.

attend
entre
finalement
la maison
la salle de bains
les dents
se lève
se rase

M. Pasquier _____ à sept heures. Il _____ pendant que

_____ est occupée. Enfin, il _____ dans la salle de bains.

Il se lave. Il _____. Il se peigne. Il se brosse _____ et il

s'habille. _____, il quitte _____.

Activité 2. Vérifiez!

Corrigez l'Activité 1 en regardant la vidéo.

Activité 3. M. Pasquier se dépêche!

En regardant la vidéo

M. Pasquier se dépêche ce matin. Est-ce que le matin va bien ou mal? En regardant la vidéo, mettez les phrases dans le bon ordre.

_____ a. M. Pasquier se lave.

_____ b. M. Pasquier constate que Mélanie est dans la salle de bains.

_____ c. M. Pasquier constate que sa femme est dans la salle de bains.

_____ d. M. Pasquier regarde la télé.

_____ e. M. Pasquier constate que Nicolas est dans la salle de bains.

_____ f. Mme Pasquier donne les clés à M. Pasquier.

_____ g. M. Pasquier se réveille.

_____ h. M. Pasquier regarde un magazine.

Activité 4. M. Pasquier, Mme Pasquier, Nicolas ou Mélanie?

En regardant la vidéo

Qui fait quoi ce matin chez les Pasquier? En regardant la vidéo, lisez les phrases ci-dessous. Quel personnage de la vidéo dit chaque phrase? Attention! Plus d'un personnage pourrait *(might)* dire chaque phrase!

a. Mélanie   b. Nicolas   c. Mme Pasquier   d. M. Pasquier

_____ 1. J'ai un rendez-vous à neuf heures.

_____ 2. Je prends un bain.

_____ 3. Je me rase.

_____ 4. Je prends une douche.

_____ 5. Je vais me sécher les cheveux.

_____ 6. Je me brosse les dents.

_____ 7. Je prends le petit déjeuner.

_____ 8. Je trouve les clés.

_____ 9. Je m'habille.

_____ 10. Je me peigne.

EXPRESSION POUR LA CONVERSATION: Dépêche-toi!

What French command does M. Pasquier use to tell Nicolas to hurry up in the bathroom?

_____ *

What French command would he use to tell Nicolas and Mélanie to hurry up?

_____ *

Activité 5. Dépêche-toi!

Après la vidéo

Est-ce que vous demandez quelquefois à quelqu'un de se dépêcher? Imaginez une situation comme ça. D'abord, répondez aux questions. Ensuite, écrivez un petit résumé de la situation dans l'encadré et finalement, ajoutez la réponse qui convient dans la bulle.

Zoé et moi, on allait voir un film à sept heures. Je suis arrivé chez elle, mais elle n'était pas encore prête. Elle se maquillait. Elle changeait de robe. Elle ne pouvait pas décider si elle préférait les chaussures marron ou les noires.

Alors, je lui ai dit: Zoé, dépêche-toi!

*Answers: A. Dépêche-toi!   B. Dépêchez-vous!

1. Comment s'appelait l'autre personne? _____

2. Où alliez-vous? _____

3. Qu'est-ce que l'autre personne faisait? _____

Activité 6. La routine matinale

Après la vidéo

Posez les questions suivantes à un(e) camarade de classe pour apprendre ce qu'il/elle fait le matin avant de venir à l'université.

À quelle heure est-ce qu'il/elle se réveille?
Est-ce qu'il/elle se lève tout de suite?

Maintenant, notez ci-dessous les informations que vous apprenez.

Heure	Activité
_____	_____
_____	_____
_____	_____
_____	_____
_____	_____
_____	_____

Activité 7. Écrivez un peu!

Après la vidéo

Écrivez un paragraphe sur la routine matinale de votre camarade de classe en utilisant les informations de l'Activité 6. Mettez les activités de votre camarade dans l'ordre en utilisant les «Phrases utiles» de l'encadré.

«» *Phrases utiles*
d'abord *first*
puis *then*
finalement *finally*
avant de *before*
après *after*

_____

_____

_____

_____

_____

_____

_____

_____

Unité 2. Soyons utiles!

VIDÉO-DRAME: Nicolas a du travail

Activité 1. Anticipez un peu!

Avant la vidéo

1. Quelles tâches domestiques est-ce que vous faites toutes les semaines chez vous?

   _____

   _____

2. Est-ce que vous organisez souvent des fêtes? Qui vous aide à préparer?

   _____

   _____

3. Dans cet épisode de la vidéo, Mélanie et Nicolas organisent une fête. Qu'est-ce que vous imaginez qu'ils doivent faire à la maison?

   _____

   _____

Activité 2. Vérifiez!

Corrigez le numéro 3 de l'Activité 1 en regardant la vidéo.

_____

_____

Activité 3. Nicolas a beaucoup à faire!

En regardant la vidéo

Toute la famille demande à Nicolas de faire beaucoup de choses aujourd'hui. En regardant la vidéo, mettez les phrases ci-dessous dans le bon ordre.

_____ a. —Eh bien, voilà, tu vas éplucher les pommes.

_____ b. —Et n'oublie pas de passer l'aspirateur.

_____ c. —Eh bien, voilà, tu peux faire la vaisselle . . .

_____ d. —Et n'oublie pas d'arroser les fleurs.

_____ e. —Tu n'as pas vidé la corbeille et tu n'as pas nettoyé les vitres.

_____ f. —Alors, Nicolas, puisque tu ne fais rien, est-ce que tu peux laver la voiture?

Activité 4. Nicolas ou Mélanie?

En regardant la vidéo

Nicolas et sa soeur font beaucoup de choses pour préparer la soirée chez eux. Indiquez si c'est Nicolas ou Mélanie qui fait les activités suivantes. Attention! C'est Mélanie et Nicolas tous les deux qui font quelques-unes de ces activités.

> aller faire une tarte aux pommes
> arroser les fleurs
> laver la vaisselle
> laver la voiture
> nettoier les vitres
> organiser une soirée
> passer l'aspirateur
> ranger les verres
> se reposer dans le jardin

Nicolas	Mélanie	Les deux
_____	_____	_____
_____	_____	_____
_____	_____	_____
_____	_____	_____
_____	_____	_____

Activité 5. Qu'est-ce qu'on répond?

En regardant la vidéo

Reliez ces questions et phrases aux réponses qu'on donne dans la vidéo.

_____ 1. —Salut, Mélanie, ça va?

_____ 2. —Tu peux me donner un coup de main?

_____ 3. —Qu'est-ce que je peux faire?

_____ 4. —Est-ce que je peux partir maintenant?

_____ 5. —Il faut ranger le salon maintenant.

_____ 6. —Merci mille fois!

_____ 7. —Dis donc, Nicolas! Tu te reposes.

a. —Eh bien, voilà, tu peux faire la vaisselle pendant que je range les verres.

b. —Ben oui, Maman. Je me repose.

c. —Oui, ça va!

d. —De rien, de rien . . .

e. —Attends, non. Je vais faire une tarte aux pommes pour ce soir. Je voudrais que tu m'aides.

f. —Bon, j'y vais, j'y vais.

g. —Volontiers!

Activité 6. Tu peux me donner un coup de main?

Après la vidéo

Maintenant, c'est à vous d'écrire! Utilisez les phrases que vous avez apprises pour créer la scène ci-dessous. D'abord, avec un ou deux camarades de classe, écrivez le dialogue. Puis, présentez la scène à la classe.

Personnages: vous (la personne qui organise la fête), un(e) ou deux copain(s)/copine(s) ou un(e) ou deux frère(s)/soeur(s)

Lieu: dans une maison

Situation: Vous allez faire une fête chez vous ce soir et vous avez beaucoup de choses à faire. Demandez à vos copains ou à vos frères et soeurs de vous aider à préparer la fête.

_____

_____

_____

_____

_____

_____

_____

_____

_____

_____

_____

_____

Unité 3. Vive la nature!

VIDÉO-DRAME: Un accident

Activité 1. Anticipez un peu!

Avant la vidéo

Qu'est-ce qui se passera dans cet épisode de la vidéo? Complétez les phrases ci-dessous avec les mots de l'encadré qui conviennent.

> **aller à la pêche**
> **attraper**
> **être trempés**
> **faire attention**
> **nager**
> **se reposer**
> **tomber dans l'eau**

1. Nicolas et Malik vont aller au lac pour _____.

2. Sur l'herbe du lac, Malik va _____.

3. Au bord du lac, on doit _____ aux moustiques et aux serpents.

4. Si les garçons tombent dans l'eau, ils vont _____.

5. Pendant qu'ils sont à la pêche, Nicolas et Malik vont _____ beaucoup

   de poissons.

Activité 2. Vérifiez!

Corrigez l'Activité 1 en regardant la vidéo.

Activité 3. Au secours!

En regardant la vidéo

Qu'est-ce qui se passe avec le petit garçon au lac? En regardant la vidéo, utilisez les numéros 1–5 pour mettre les événements ci-dessous dans le bon ordre.

_____ Le garçon a essayé de rattraper le ballon.

_____ Le garçon est tombé dans l'eau.

_____ Le garçon jouait au ballon avec des amis.

_____ Le garçon a perdu l'équilibre.

_____ Le ballon est tombé dans l'eau.

Activité 4. Mélanie, Nicolas ou Malik?

En regardant la vidéo

Lisez les phrases ci-dessous. Puis, identifiez à qui chaque phrase appartient *(belongs)*. Attention! Plus d'une personne est possible.

a. Mélanie   b. Nicolas   c. Malik

1. Je porte un short.

   _____

2. Je vais chez mon copain.

   _____

3. D'habitude, quand je vais au lac, je tombe dans l'eau.

   _____

4. Je porte un tee-shirt bleu clair.

   _____

5. Je porte un chapeau.

   _____

6. Je vais regarder la télé.

   _____

EXPRESSION POUR LA CONVERSATION: Qu'est-ce qui se passe?

Pendant que Malik raconte ses aventures avec Nicolas à Mélanie, elle lui dit, «Qu'est-ce qui s'est passé?» et «Qu'est-ce qui est arrivé?» Comment dit-on «Qu'est-ce qui s'est passé?» et «Qu'est-ce qui est arrivé?» en anglais?

Réponse: _____

Activité 5. Qu'est-ce qui s'est passé au lac?

En regardant la vidéo

Lisez les mots ci-dessous, puis regardez la vidéo. Ensuite, écrivez des questions ou des phrases en remettant les mots dans le bon ordre.

1. vous / pêcher / où / allez / est-ce que

   _____

2. j'espère / allez / poissons / attraper / que / vous / beaucoup de

   _____

3. attention de / tomber / fais / ne pas / l'eau / dans

   _____

4. il y a / un accident / eu

   _____

5. est / tombé / le ballon / l'eau / dans

   _____

6. couru / nous / avons / la scène / de l'accident / jusqu'à

   _____

Activité 6. La bonne réponse

Après la vidéo

Quelles sont les réponses aux questions suivantes? Faites correspondre chaque question à la réponse qui lui convient.

_____ 1. Quel accident? Qu'est-ce qui s'est passé?

_____ 2. Vous avez eu un accident?

_____ 3. Où est-ce que vous allez pêcher?

_____ 4. Est-ce que vous avez sauvé le petit garçon qui est tombé dans l'eau?

a. Non, nous n'avons pas eu d'accident. Il y a eu un accident.

c. Eh bien, voilà . . . Nous étions au bord du lac . . . Il était deux heures, à peu près . . .

b. Oui . . . Hou là là . . . l'eau était vraiment très froide.

d. Au lac Belle Étoile.

Activité 7. Cher journal

Après la vidéo

Est-ce que vous connaissez quelqu'un qui a sauvé la vie d'une personne? Sinon, racontez l'histoire d'une personne qui a fait quelque chose d'héroïque récemment. (Cherchez dans le journal, si c'est nécessaire.) Qu'est-ce qui s'est passé? Écrivez un paragraphe dans votre journal.

_____

_____

_____

_____

_____

_____

_____

_____

Maintenant, discutez cet événement avec un(e) camarade de classe. Prenez des notes sur l'expérience de votre camarade. Qu'est-ce qu'il/elle a trouvé de vraiment marquant (*remarkable*)?

_____

_____

_____

Unité 4. Aspects de la vie quotidienne

VIDÉO-DRAME: Mélanie fait les courses

Activité 1. Anticipez un peu!

Avant la vidéo

Mélanie va faire des achats à la supérette et chez le photographe. Allez à la page 153 de votre livre et faites une liste des choses qu'elle peut acheter.

À la supérette	Chez le photographe
_____	_____
_____	_____
_____	_____
_____	_____
_____	_____

Activité 2. Vérifiez!

Corrigez votre liste en écrivant ce que Mélanie a vraiment acheté.

À la supérette	Chez le photographe
_____	_____
_____	_____
_____	_____
_____	_____

Activité 3. La journée de Mélanie

En regardant la vidéo

Les phrases ci-dessous sont fausses. En regardant la vidéo, corrigez ces phrases en français.

1. Mélanie va acheter de l'aspirine et du savon pour sa mère.

   _____

2. Pendant que Mélanie fait des achats, elle rencontre Nicolas.

   _____

3. Nicolas demande à sa soeur de lui acheter une pellicule-couleur.

   _____

4. Mélanie achète une pile chez le photographe.

   _____

5. Mélanie a oublié la pellicule chez le photographe.

   _____

6. Mélanie paie 10 euros et 10 centimes à la supérette.

   _____

Activité 4. Mélanie fait des courses

Après la vidéo

Mélanie a beaucoup de choses à faire aujourd'hui. En regardant la vidéo, lisez les mots ci-dessous. Après, mettez les mots dans le bon ordre pour écrire des phrases complètes.

1. Eh, Mélanie . . . (passer / tu / le / peux / est-ce que / photographe / chez)?

   _____

2. Tiens, Malik! . . . (surprise / bonne / quelle)!

   _____

3. (je / pas / non, / sûre / suis / ne)

   _____

4. (monnaie / votre / voilà). Merci, mademoiselle.

   _____

5. Ben, ça, c'est curieux. (ta / pas / je / trouve / pellicule / ne)

   _____

6. Ah, merci, Mélanie . . . (géniale / es / tu / vraiment)!

   _____

Activité 5. Les mots croisés

Après la vidéo

Mélanie a presque oublié quel type de pellicule acheter pour Nicolas. La prochaine fois qu'elle va faire les achats, elle va sûrement faire une liste! Complétez les mots croisés ci-dessous.

Horizontalement

4. «Voici le tube de _____ de Papa.»

7. Mélanie oublie quelle sorte de pellicule il faut _____.

8. Mélanie va à la _____.

Verticalement

1. M. Pasquier a besoin d'une _____ de shampooing.

2. Nicolas fait partie du club de _____.

3. «Tu me _____ dix euros.»

4. «Pouvez-vous me _____ une pellicule?»

5. Mme Pasquier _____ à Mélanie si elle sort.

6. Mélanie va faire des _____.

Activité 6. Cher journal

Après la vidéo

Imaginez ce que Mélanie a écrit dans son journal le soir après avoir fait des achats. Écrivez où elle est allée et pourquoi, ce qu'elle a acheté et les personnes qu'elle a rencontrées.

Cher journal _____

_____

_____

_____

_____

_____

_____

_____

_____

_____

Activité 7. Allez faire des courses!

Après la vidéo

Avec un(e) camarade de classe, préparez la conversation ci-dessous. Utilisez les «Phrases utiles» de l'encadré et l'information à la page 152 de votre livre.

Personnages: vous, le vendeur/la vendeuse

Lieu: à la supérette

Situation: Vous devez acheter cinq choses de la liste ci-dessous. Parlez au vendeur (à la vendeuse) pour acheter les produits nécessaires.

de la ficelle
de la lessive
des allumettes
des épingles
des épingles de sûreté
du papier hygiénique
du savon
du Sopalin

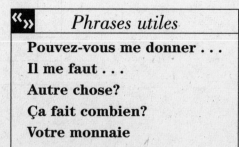

«» *Phrases utiles*

Pouvez-vous me donner . . .

Il me faut . . .

Autre chose?

Ça fait combien?

Votre monnaie

Unité 5. Bon voyage!

VIDÉO-DRAME: Nicolas fait un voyage

Activité 1. Anticipez un peu!

Avant la vidéo

Nicolas va passer les vacances de Pâques chez son correspondant irlandais. Mais, avant de partir, il doit faire beaucoup de choses! Dans quel ordre doit-il faire ces choses? Lisez les phrases suivantes et écrivez les numéros 1–5 pour mettre les phrases dans le bon ordre.

_____ a. Nicolas doit apporter son passeport et ses billets avec lui à la gare.

_____ b. Nicolas doit réserver son billet d'avion pour aller de Paris à Dublin.

_____ c. Nicolas doit consulter Internet pour des renseignements.

_____ d. Nicolas doit composter son billet de train quand il arrive à la gare.

_____ e. Nicolas doit regarder les horaires de train pour aller à Paris.

Activité 2. Vérifiez!

Corrigez l'Activité 1 pendant que vous regardez la vidéo.

_____ a. Nicolas doit apporter son passeport et ses billets avec lui à la gare.

_____ b. Nicolas doit réserver son billet d'avion pour aller de Paris à Dublin.

_____ c. Nicolas doit consulter Internet pour des renseignements.

_____ d. Nicolas doit composter son billet de train quand il arrive à la gare.

_____ e. Nicolas doit regarder les horaires de train pour aller à Paris.

Activité 3. Vrai ou faux?

En regardant la vidéo

Lisez les phrases ci-dessous. Indiquez pour chaque phrase si elle est vraie ou fausse, selon la vidéo. Corrigez les phrases fausses.

_____ 1. Quand Malik arrive chez les Pasquier, Nicolas joue à son nouveau jeu d'ordinateur.

_____

_____ 2. Nicolas va passer les vacances de Pâques à Paris.

_____

_____ 3. Nicolas va prendre le train à Paris.

_____

_____ 4. Nicolas va prendre un vol de Paris à Dublin, avec une escale à Londres.

_____

_____ 5. Nicolas part le 31 mars.

_____

_____ 6. Quand Nicolas fait ses valises, il met son billet de train dans son sac avec son passeport et son billet d'avion.

_____

_____ 7. Nicolas ne rate pas son train.

_____

Activité 4. Nicolas prépare son voyage

En regardant la vidéo

Regardez la vidéo, puis choisissez la bonne réponse pour compléter chaque phrase.

1. Nicolas cherche des renseignements _____ pour préparer son voyage.
   a. à l'agence de voyages
   b. sur l'ordinateur

2. Nicolas va de Paris à Dublin en _____
   a. train.
   b. avion.

3. Nicolas va apporter deux valises et son _____
   a. sac à dos.
   b. jeu d'ordinateur.

4. Nicolas, Malik et Mélanie arrivent _____
   a. à la gare.
   b. à l'aéroport.

5. Nicolas ne trouve pas _____
   a. son billet de train.
   b. son passeport.

6. Mélanie donne _____ à Nicolas.
   a. le billet d'avion pour Dublin
   b. le billet de train pour Paris

Activité 5. N'oublie pas les choses de la liste!

En regardant la vidéo

Pour aider son ami Nicolas, Malik a fait une liste des choses nécessaires. En regardant la vidéo, cochez «oui» ou «non» pour indiquer si Nicolas a les choses de la liste ou pas.

Nicolas a besoin . . .	oui	non
1. du sac à dos	❑	❑
2. de la carte d'identité	❑	❑
3. de la carte d'embarquement	❑	❑
4. des bagages	❑	❑
5. du permis de conduire	❑	❑
6. du passeport	❑	❑
7. du bagage à main	❑	❑
8. du billet d'avion	❑	❑

Activité 6. Aide-moi à préparer mon voyage!

Après la vidéo

Travaillez avec un(e) camarade de classe. Préparez et présentez la situation ci-dessous. Utilisez les «Phrases utiles» de l'encadré et le vocabulaire aux pages 190–191 et 196–198 de votre livre.

Personnages: deux ami(e)s

Scène: devant un ordinateur

Situation: Un(e) étudiant(e) va passer les vacances d'été chez son/sa correspondant(e) francophone; l'autre ami(e) l'aide à préparer son voyage.

«» *Phrases utiles*
le départ
le retour
le vol
aller et retour
une escale
réserver un billet
la carte d'embarquement
le passeport

Activité 7. Votre voyage d'été

Après la vidéo

Vous venez d'arriver chez votre correspondant(e). Racontez vos aventures de voyage dans un e-mail à un(e) ami(e). Écrivez tout ce que vous avez fait pour préparer votre voyage.

_____

_____

_____

_____

_____

_____

_____

_____

_____

_____

_____

Unité 6. Séjour en France

VIDÉO-DRAME: À l'hôtel

Activité 1. Anticipez un peu!

Avant la vidéo

Dans cet épisode, les Pasquier vont en vacances. Qu'est-ce qui pourrait se passer pendant le voyage dans les situations suivantes? Reliez les phrases suivantes.

1. S'il fait chaud, Mélanie demanderait _____

2. Parce qu'il y a quatre personnes dans la famille Pasquier, ils auraient besoin de(d') _____

3. Pour regarder les événements du monde, ils voudraient _____

4. Pour se laver, ils auraient envie d'une _____ dans la chambre.

5. S'il n'y a pas de climatisation, ils devront _____

a. une chambre pour deux personnes et deux chambres avec un lit

b. regarder la télévision

c. la climatisation

d. douche

e. ouvrir la fenêtre

Activité 2. Vérifiez!

Corrigez l'Activité 1 en regardant la vidéo.

Activité 3. Causes et effets

En regardant la vidéo

Cet épisode est plein d'exemples de causes et effets. Pendant que vous regardez la vidéo, reliez la cause à son effet.

Cause

1. M. Pasquier consulte le guide Michelin.

2. Il y a une erreur avec les réservations et l'hôtel est complet.

3. Mélanie prend pile et Nicolas prend face.

4. Il fait chaud et la chambre de Mélanie n'a pas de climatisation.

5. Mélanie laisse la fenêtre ouverte.

Effet

a. Mélanie choisit la chambre dans l'hôtel et Nicolas doit dormir dans la chambre à l'annexe.

b. Mélanie ne dort pas bien parce que les moustiques la dévorent.

c. Mélanie laisse la fenêtre ouverte.

d. M. Pasquier choisit L'Auberge du Soleil.

e. Mélanie ou Nicolas doit dormir à l'annexe.

Activité 4. C'est la chambre de qui?

En regardant la vidéo

Est-ce que les éléments ci-dessous décrivent la chambre de Mélanie, celle de Nicolas ou les deux? En regardant la vidéo, écrivez chaque phrase dans la colonne qui convient. Si la phrase s'applique aux deux, écrivez-la dans chaque colonne.

a un balcon avec une très belle vue	est la chambre numéro 11
a une douche	est très spacieuse
a une télévision avec un grand écran	est une chambre à un lit
a une très grande salle de bains	n'a pas de climatisation
est à l'annexe	n'est pas très grande
est claire	

La chambre de Mélanie

_____

_____

_____

_____

_____

La chambre de Nicolas

_____

_____

_____

_____

_____

Activité 5. La bonne réponse

Après la vidéo

Chaque membre de la famille Pasquier a eu une expérience différente à l'Auberge du Soleil. Répondez aux questions suivantes selon le point de vue du personnage indiqué.

1. «Est-ce que l'hôtel est confortable?»

   Mélanie: _____

   Nicolas: _____

2. «Vous avez réservé?»

   Monsieur Pasquier: _____

   La réceptionniste: _____

3. «Tu veux faire un petit tour?»

   Les parents Pasquier: _____

   Mélanie: _____

4. «Est-ce que vous pouvez mettre l'air conditionné?»

   Mélanie: _____

   Nicolas: _____

5. «Alors, tu as bien dormi?»

   Mélanie: _____

   Nicolas: _____

> **EXPRESSION POUR LA CONVERSATION: C'est pas juste!**
>
> Quand Mélanie demande de rester dans la chambre dans l'hôtel, Nicolas se plaint «C'est toujours moi qui perds dans ces situations. C'est pas juste!»
>
> *Question:* Qu'est-ce que «C'est pas juste!» veut dire en anglais?
>
> *Réponse:* _____

Activité 6. C'est pas juste!

Après la vidéo

Écrivez trois situations qui peuvent être possible dans les endroits suivants et où la réponse logique peut être «C'est pas juste!» Puis, discutez la situation avec un(e) camarade de classe.

À l'école: _____
_____

C'est pas juste!

À la maison: _____
_____

C'est pas juste!

Pendant les vacances, à l'hôtel:
_____
_____

C'est pas juste!

Activité 7. À l'agence

Après la vidéo

Travaillez avec un(e) camarade de classe. Préparez et présentez la situation ci-dessous. Utilisez les «Phrases utiles» de l'encadré et le vocabulaire des pages 230–231 et 240 de votre livre.

Personnages: deux ami(e)s, l'agent de voyages

Lieu: à l'agence de voyages

Situation: Votre ami(e) et vous, vous allez partir en vacances. Discutez où vous voulez aller, quel logement vous voulez, quels services vous préférez, quelles activités vous voulez faire et combien de temps vous préférez rester. Le problème, c'est que votre ami(e) et vous, vous avez des préférences très différentes. Utilisez les «Phrases utiles» de l'encadré.

«» *Phrases utiles*

On peut loger . . .
Je voudrais réserver . . .
Combien de temps comptez-vous rester?
Combien coûte . . . ?
la pension complète
la demi-pension
acheter un billet
complet/libre
un aller et retour

Activité 8. Écrivez un peu

Après la vidéo

En ce moment, vous êtes en vacances! Écrivez une carte postale à un(e) ami(e). Décrivez où vous passez les nuits, quel temps il fait et ce que vous faites pour vous amuser.

Unité 7. La forme et la santé

VIDÉO-DRAME: Nicolas est malade

Activité 1. Anticipez un peu!

Avant la vidéo

Dans cet épisode, Nicolas est malade. Que diraient ces personnes dans les situations suivantes? Faites correspondre chaque personne à la citation qui convient.

_____ 1. Nicolas a mal au ventre.

a. «Ouvrez la bouche. Toussez. Respirez bien. Couchez-vous sur le dos. Où est-ce que vous avez mal?»

_____ 2. Le médecin veut l'examiner.

b. «Ça ne va pas. Je ne me sens pas bien du tout.»

_____ 3. La mère de Nicolas est préoccupée.

c. «C'est une simple indigestion.»

_____ 4. Le médecin veut donner des conseils à Nicolas.

d. «Il faut que tu ailles voir le médecin. Je vais prendre un rendez-vous. Va t'habiller. »

_____ 5. Nicolas veut expliquer à sa soeur ce qu'il a.

e. «Buvez beaucoup d'eau. Mangez modérément. Et reposez-vous au moins vingt-quatre heures. »

Activité 2. Vérifiez!

Corrigez l'Activité 1 en regardant la vidéo.

Activité 3. Nicolas ne se sent pas bien.

En regardant la vidéo

Nicolas ne se sent pas bien. Qu'est-ce qui ne va pas? Pendant que vous regardez la vidéo, indiquez les symptômes de Nicolas.

_____ Il a la grippe.   _____ Il vomit.

_____ Il tousse.   _____ Il a mal à la gorge.

_____ Il a mal au ventre.   _____ Il a une appendicite.

_____ Il a mal à la tête.   _____ Il a une indigestion.

Activité 4. Nicolas va chez le médecin

En regardant la vidéo

Complétez les phrases suivantes en regardant la vidéo.

1. Nicolas a _____
   a. mal à la gorge.
   b. la grippe.
   c. mal au ventre.

2. Madame Pasquier veut que Nicolas _____
   a. aille voir le médecin.
   b. aille à l'hôpital.
   c. se repose au lit.

3. Le médecin demande que Nicolas _____
   a. aille chez le chirurgien.
   b. ouvre la bouche et tousse.
   c. aille à l'hôpital.

4. Le médecin donne à Nicolas _____
   a. une ordonnance.
   b. trois portions de pizza.
   c. de l'aspirine.

5. Les conseils du médecin sont _____
   a. «Rentrez chez vous et allez vous coucher.»
   b. «Mangez deux hamburgers.»
   c. «Téléphonez à Malik.»

6. Malik a téléphoné pour _____
   a. demander s'il peut lui rendre visite.
   b. inviter Nicolas à dîner.
   c. demander de l'aide à préparer un grand repas africain.

Activité 5. La journée de Nicolas

En regardant la vidéo

Nicolas ne va pas bien aujourd'hui. Qu'est-ce qui se passe? Mettez les phrases dans le bon ordre selon la vidéo.

_____ Le médecin donne une ordonnance à Nicolas.

_____ Mélanie dit à Nicolas que Malik a téléphoné.

_____ Nicolas dit à sa mère qu'il ne se sent pas bien.

_____ Le médecin prend la température de Nicolas.

_____ Mme Pasquier téléphone au médecin pour prendre un rendez-vous.

_____ Le médecin demande ce que Nicolas a mangé hier soir.

Activité 6. Phrases fausses

Après la vidéo

Chaque phrase ci-dessous est fausse. Corrigez les phrases en français.

1. Nicolas a la grippe.

_____

2. Mme Pasquier veut que Nicolas reste au lit.

_____

3. Hier soir, Nicolas a mangé des hamburgers, des spaghetti et de la tarte aux pommes.

_____

4. Le médecin donne un antibiotique à Nicolas.

_____

5. Le médecin dit à Nicolas de prendre un comprimé toutes les quatre heures.

_____

6. Nicolas va dîner chez Malik ce soir.

_____

7. Malik va préparer des spécialités françaises ce soir.

_____

8. Nicolas téléphone à Malik pour lui dire qu'il est malade.

_____

Activité 7. Écrivez un peu

Après la vidéo

Imaginez que vous ne vous sentez pas bien. Le médecin vous donne la fiche ci-dessous. Remplissez la fiche avec les renseignements qui conviennent. Bien sûr, il faut inventer vos symptômes!

Nom: _____ Âge: _____

Adresse: _____

Ville: _____

1. Quand avez-vous vu le médecin la dernière fois? _____

2. Depuis quand êtes-vous malade? _____

3. Cochez les symptômes qui conviennent:

   _____ avoir mal à la gorge   _____ vomir

   _____ tousser   _____ avoir de la fièvre

   _____ avoir des difficultés à avaler _____ avoir des boutons

   _____ avoir mal à la tête   _____ se fouler la cheville

   _____ éternuer   _____ se casser _____

   _____ saigner du nez   _____ se couper _____

   _____ avoir mal au ventre

4. Êtes-vous allergique à des médicaments?   Oui   Non

   Si oui, auxquels? _____

5. Quelles maladies d'enfance avez-vous eues?

   _____ la rougeole

   _____ les oreillons

   _____ la varicelle

   _____ la rubéole

   _____ la coqueluche

Activité 8. Chez le médecin

Après la vidéo

Travaillez avec un(e) camarade de classe. Préparez et présentez la situation ci-dessous. Utilisez les «Phrases utiles» de l'encadré et le vocabulaire aux pages 264–266 de votre livre.

Personnages: un médecin, un(e) malade

Lieu: chez le médecin

Situation: Vous êtes très malade et vous expliquez vos symptômes au médecin. Le médecin va vous examiner et vous donner des conseils.

«» *Phrases utiles*
Comment vous sentez-vous?
Où avez-vous mal?
J'ai mal . . .
Qu'est-ce qui ne va pas?
Voici une ordonnance.
Vous devez . . .
tousser
vomir
éternuer
avoir des nausées

Unité 8. En ville

VIDÉO-DRAME: Un rendez-vous en ville

Activité 1. Anticipez un peu!

Avant la vidéo

Dans cet épisode, Mélanie parle avec son copain Guillaume. Il veut aller au cinéma avec elle. Lisez les phrases tirées de leur conversation et mettez-les dans le bon ordre. Écrivez les phrases dans les bulles ci-dessous.

Bon, d'accord, on va se retrouver chez toi.
Je suis libre. J'ai bien envie d'aller au cinéma!
Où est-ce qu'on se donne rendez-vous?
Eh bien, on peut se retrouver chez moi.
Qu'est-ce que vous faites samedi prochain?
Bonne idée! Il y a un excellent film à l'Utopia.

Guillaume: **Mélanie:**

Activité 2. Vérifiez!

Est-ce que vous avez bien imaginé la réaction de Mélanie? Corrigez l'Activité 1 en regardant la vidéo.

Activité 3. Qu'est-ce qui se passe d'abord?

En regardant la vidéo

Qu'est-ce qui se passe dans cet épisode? En regardant la vidéo, mettez les activités ci-dessous dans le bon ordre.

_____ a. Guillaume demande ce que Mélanie et Nicolas font samedi soir.

_____ b. Nicolas voit Mélanie et Guillaume au café.

_____ c. Guillaume trouve Mélanie et Nicolas devant la librairie.

_____ d. Nicolas et Guillaume se présentent.

_____ e. Nicolas et Mélanie cherchent l'immeuble de Guillaume.

_____ f. Guillaume dit à Mélanie et Nicolas où il habite.

Activité 4. C'est Mélanie, Nicolas ou Guillaume?

En regardant la vidéo

Est-ce que c'est Mélanie, Nicolas ou Guillaume qui dit chacune des phrases suivantes? Écrivez le nom du personnage qui dit chaque phrase.

1. «Je suis un copain de Mélanie.»

   C'est _____.

2. «Moi aussi, je suis libre. Est-ce que je peux venir avec vous?»

   C'est _____.

3. «Pas question!»

   C'est _____.

4. «Eh bien, on peut se retrouver chez moi.»

   C'est _____.

5. «Oui, c'est tout près. C'est à cinq minutes à pied.»

   C'est _____.

6. «Oh . . . zut . . . non . . . j'ai oublié mon carnet d'adresses.»

   C'est _____.

7. «Il n'y a pas de Dubois là-bas.»

   C'est _____.

8. «Et ta soeur? Elle ne vient pas avec nous?»

   C'est _____.

Activité 5. Vrai ou faux?

En regardant la vidéo

Lisez les phrases ci-dessous. Puis, indiquez pour chaque phrase si elle est vraie ou fausse. Corrigez les phrases fausses.

_____ 1. Mélanie connaît Guillaume depuis trois ans.

_____

_____

_____ 2. Mélanie invite Nicolas à venir au cinéma avec Guillaume et elle.

_____

_____

_____ 3. Mélanie, Nicolas et Guillaume décident de se retrouver au cinéma.

_____

_____

_____ 4. Guillaume a une soeur.

_____

_____

_____ 5. La soeur de Guillaume a quinze ans.

_____

_____

_____ 6. Guillaume habite dans le centre-ville.

_____

_____

_____ 7. Guillaume habite dans une maison individuelle.

_____

_____

_____ 8. Guillaume habite près du cinéma.

_____

_____

> ## EXPRESSION POUR LA CONVERSATION: Pas question!
>
> Quand Nicolas demande s'il peut aller au cinéma avec Guillaume et Mélanie,
> Mélanie répond «Pas question!»
>
> *Question:* Qu'est-ce que «Pas question!» veut dire en anglais?
>
> *Réponse:* _____

Activité 6. Pas question!

Après la vidéo

Est-ce que vous avez déjà dit «Pas question!» à quelqu'un? Pensez à trois situations dans lesquelles vous avez dit «Pas question!» (Ou imaginez les situations). Écrivez le nom de la personne avec qui vous parliez, ce qu'elle vous a demandé et votre réponse «Pas question!»

_____

Pas question!

_____

Pas question!

_____

Pas question!

Activité 7. Chez moi

Après la vidéo

Un copain/une copine vient chez vous pour la première fois. Écrivez un e-mail à votre copain/copine pour expliquer où vous habitez. Donnez une bonne description de la maison/de l'immeuble. Expliquez ce qu'on trouve près de chez vous. Soyez très précis! Vous voulez que votre copain/copine arrive facilement chez vous!

_____

_____

_____

_____

_____

_____

_____

Activité 8. Un rendez-vous en ville

Après la vidéo

Travaillez avec deux camarades de classe.

Préparez et présentez la situation ci-dessous.

Personnages: trois copains/copines

Lieu: en ville

Situation: Vos copains/copines et vous, vous voulez faire quelque chose en ville. Discutez de ce que vous voulez faire et quand et où vous vous donnez rendez-vous, à quelle heure, etc.

Unité 9. Les relations personnelles

VIDÉO-DRAME: Dispute et réconciliation

Activité 1. Anticipez un peu!

Avant la vidéo

Dans cet épisode de la vidéo, Mélanie a un problème personnel avec Guillaume. Est-ce que vous pouvez deviner ce que les personnages diraient dans chacune des situations ci-dessous?

1. Mélanie veut parler de ses sentiments pour Guillaume, son copain. _____
   a. «J'éprouve de l'aversion pour lui.»
   b. «J'éprouve de l'affection pour lui.»
   c. «J'éprouve de l'antipathie pour lui.»

2. Nicolas veut consoler sa soeur. _____
   a. «Ma pauvre! Je suis désolé pour toi.»
   b. «Quelle bonne nouvelle!»
   c. «Je te félicite.»

3. Guillaume veut expliquer ce qui s'est passé entre lui et Mélanie. _____
   a. «Nous nous sommes bien entendus.»
   b. «Nous avons eu des bonnes relations.»
   c. «Nous nous sommes disputés.»

Activité 2. Vérifiez!

Corrigez l'Activité 1 pendant que vous regardez la vidéo.

Activité 3. Qu'est-ce qui se passe d'abord?

En regardant la vidéo

Qu'est-ce qui se passe dans cet épisode? En regardant la vidéo, mettez les activités ci-dessous dans le bon ordre.

_____ a. Guillaume arrive chez les Pasquier.

_____ b. Nicolas demande pourquoi Mélanie a l'air triste.

_____ c. Guillaume et Mélanie se réconcilient.

_____ d. Mélanie voit Guillaume avec une belle fille blonde.

_____ e. Guillaume téléphone chez les Pasquier, mais Mélanie refuse de lui parler.

_____ f. Guillaume explique ce qui s'est passé avec la blonde.

_____ g. Nicolas demande si Mélanie veut qu'il téléphone à Guillaume pour elle.

Activité 4. Ce que Mélanie a dit

En regardant la vidéo

Qu'est-ce que Mélanie a dit? En regardant la vidéo, lisez les phrases ci-dessous. Puis mettez les mots dans le bon ordre et écrivez les phrases complètes.

1. Non, on ne s'est pas disputés. (plus / que / c'est / grave / ça).

   _____

   _____

2. Écoute, c'est un problème personnel. (savoir / ne / tu / pas / peux).

   _____

   _____

3. (fois / a / téléphoner / plusieurs / oui / de / me / il / essayé) mais j'ai refusé de lui répondre.

   _____

   _____

4. (bien / c'est / gentil / tu / inutile / es / mais)

   _____

   _____

5. C'est qui la petite blonde (et / embrassé / étais / qui / t'a / avec / tu / qui)?!

   _____

   _____

6. Et bien, (côté / dernier / de / à / samedi / gare / la).

   _____

   _____

Activité 5. La bonne réponse

En regardant la vidéo

Quelle est la bonne réponse à chacune des questions ci-dessous? En regardant la vidéo, récrivez chaque phrase de l'Activité 4 dans la bulle qui convient.

1. Vous vous êtes disputés?

2. Écoute, veux-tu que je lui téléphone pour toi?

3. Est-ce qu'il t'a téléphoné?

4. Quelle blonde? Quand ça et où?

5. Mais qu'est-ce qui s'est passé entre vous deux?

Activité 6. Les mots croisés

Après la vidéo

Les relations entre les personnes sont très compliquées! Complétez les mots croisés avec les mots qui parlent des relations entre les personnages de la vidéo. Utilisez seulement les lettres majuscules *(capital letters)* et n'utilisez pas d'accents.

Horizontalement

2. «Félicitations! Vous voyez! Tout s'est _____.»

4. À la fin de l'épisode, Mélanie et Guillaume se _____.

7. «C'est moi sa _____, non?»

8. «J'avais beaucoup d'_____ pour lui.»

Verticalement

1. «Ma _____ Mélanie, tu n'as pas de chance . . . »

3. «Oui, on s'_____ bien!»

5. «Mais bien sûr que c'est vrai. Comment? Tu n'as pas _____ en moi?»

6. Mélanie éprouve de la _____ quand elle voit Guillaume avec une autre fille.

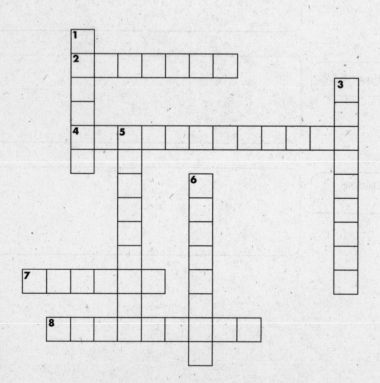

Activité 7. Une dispute entre copains

Après la vidéo

Écrivez ce qui s'est passé la dernière fois que vous avez eu une dispute avec un copain/une copine. Complétez les questions ci-dessous pour décrire la querelle.

1. Vous vous êtes disputé(e) avec qui?

   _____

2. Quand?

   _____

3. Qu'est-ce qui s'est passé? Pourquoi est-ce que vous vous êtes disputé(e)s?

   _____

   _____

4. Qu'est-ce que vous avez dit à votre ami(e)?

   _____

   _____

5. Comment est-ce que votre ami(e) vous a répondu?

   _____

6. Vous vous êtes réconcilié(e)s?

   _____

Maintenant, travaillez avec un(e) camarade de classe. Discutez votre situation. Votre camarade va vous poser des questions. Ensuite, discutez de la situation que votre camarade a décrite.

Unité 10. Vers la vie active

VIDÉO-DRAME: Guillaume trouve un job

Activité 1. À vous!

Avant la vidéo

1. Est-ce que vous avez déjà travaillé?

_____ Non. _____ Oui, à mi-temps. _____ Oui, à temps partiel. _____ Oui, à plein temps.

2. Si oui, qu'est-ce que vous avez fait?

_____

3. Et où voudriez-vous travailler après l'université?

_____

_____

Activité 2. Anticipez un peu!

Avant la vidéo

Complétez le paragraphe avec les mots qui conviennent pour découvrir ce qui se passe dans cet épisode de la vidéo.

annonces	regarde
écologie	travail
plein	trouvé

Mélanie _____ les petites _____. Elle cherche du

_____ pour l'été. Elle cherche un emploi à _____ temps.

Son copain, Guillaume, a déjà _____ un job. Il va travailler pour le service

municipal d'_____ urbaine.

Activité 3. Vérifiez!

Corrigez l'Activité 2 en regardant la vidéo.

Nom _____ Date _____

Activité 4. Vrai ou faux?

En regardant la vidéo

Lisez les phrases ci-dessous. En regardant la vidéo, indiquez pour chaque phrase si elle est vraie ou fausse. Corrigez les phrases fausses.

_____ 1. Mélanie veut travailler à mi-temps cet été.

_____

_____

_____ 2. Mélanie n'a pas encore trouvé un job.

_____

_____

_____ 3. Guillaume a déjà trouvé un travail.

_____

_____

_____ 4. Quand Nicolas et Malik voient Guillaume, ils sont en train de jouer au tennis.

_____

_____

_____ 5. Guillaume travaille dans un bureau avec des ordinateurs.

_____

_____

_____ 6. Guillaume pense que son travail est horrible.

_____

_____

EXPRESSION POUR LA CONVERSATION: Viens voir!

Quand Malik et Nicolas voient Guillaume au parc, Malik dit à Nicolas «Viens voir!»

Question: Qu'est-ce que «Viens voir!» veut dire en anglais? _____

Réponse: «Viens voir!» veut dire _____

Activité 5. La bonne réponse

Après la vidéo

Regardez la vidéo, puis écrivez une phrase comme réponse à chaque question.

1. «Alors, quoi de neuf, Mélanie?»

2. «Il y a des choses intéressantes dans ces annonces?»

3. «Et toi, tu vas chercher du travail?»

4. «Ah bon? Qu'est-ce que c'est?»

5. «Et dans quel service est-ce que tu vas travailler?»

6. «Et quand est-ce que ton job commence?»

Activité 6. Ce que je veux faire . . .

Après la vidéo

Qu'est-ce que vous voulez faire après l'université? Faites une liste de cinq ou six possibilités pour l'avenir. Donnez aussi quelques raisons pour lesquelles ces professions vous intéressent. Vous pouvez utiliser les «Phrases utiles» ci-dessous si nécessaire. Pour une liste d'études et professions, voyez les pages 386–387 de votre livre.

«» *Phrases utiles*
continuer mes études
gagner ma vie
chercher du travail
se spécialiser en . . .
travailler
faire carrière

Maintenant, travaillez avec un(e) camarade de classe. Posez-vous des questions au sujet de vos projets pour l'avenir et répondez-y. Posez beaucoup de questions pour montrer que vous vous intéressez à ce que votre camarade dit.

Activité 7. Pour trouver du travail

Après la vidéo

Imaginez que vous avez trouvé un emploi qui vous intéresse dans les petites annonces. Répondez à l'annonce. Sollicitez une entrevue, expliquez ce que vous pouvez faire et présentez vos qualifications. Utilisez les «Phrases utiles» ci-dessous. N'oubliez pas d'être très poli(e) et professionnel(le). Utilisez une feuille de papier différente.

«» *Phrases utiles*
Monsieur/Madame *(to open a business letter)*
Pourriez-vous me dire . . . ?
En réponse à votre annonce parue cette semaine dans . . . je me permets de poser ma candidature au poste de . . .
Par votre annonce dans l'édition d'hier de *(name of newspaper),* **j'ai appris que vous cherchez un homme/une femme . . . et j'ai l'honneur de solliciter cet emploi . . .**
Veuillez accepter, Monsieur/Madame, l'expression de mes salutations respectueuses. *(to close a business letter)*